I0415948

La Limonada de la tia Beatriz

Colección de cuentos

by
J. Carlos Valencia

This book is a work of fiction. People, places, events, and situations are the product of the author's imagination. Any resemblance to actual persons, living or dead, or historical events, is purely coincidental.

© 2005 J. Carlos Valencia. All Rights Reserved.

No part of this book may be reproduced, stored in a retrieval system, or transmitted by any means without the written permission of the author.

First published by 1st Books Library 11/29/05

ISBN: 1-4140-2705-2 (e)
ISBN: 1-4140-2704-4 (sc)

Library of Congress Control Number: 2003099141

Printed in the United States of America
Bloomington, Indiana

This book is printed on acid-free paper.

Indice

Menos mal que no llovió

Estuve esperando el bus por cuarenta y cinco minutos y las nubes se venían encima como si fueran una cobija de agua oscura, cubriendo y agitando la ciudad. Fue allí en el paradero del autobús y en medio del cambio atmosférico que decidí que no debía de ser quien soy. Fue en aquel preciso lugar que decidí mudar de piel. Fue a esa hora que me dio por soltar los dedos de mis manos, de zafar mis piernas y de un desnudo brinco caer en ese estanque verde, oliente y de podredumbres que estaba al pié del paradero. Sí, tenía que salir de allí, de aquella ciudad, de aquella vida, de aquella rutina que intoxica que abruma y asfixia. Ser algo diferente y así dejar de sentir lo que sentía. Tenía que salir de mi cuerpo y dejar mi alma a un lado.

La brisa refrescante, cuya misión es anunciar la lluvia tempestuosa de verano, se metía y se colaba por las calles, árboles y edificios tratando de calmar el calor asfixiante de los meses de verano, pero lo único que logró fue mezclarse con el dulce ardiente que revestía el negro asfalto. También, revolcó las hojas sueltas de los árboles, persiguió al polvo y aumentó en intensidad el infierno que se encerraba en mis entrañas y que se había convertido en parte de esta ciudad. Las cortas ráfagas de viento no lograron refrescar mi ser. A estos inútiles intentos de la brisa, les siguió el vacío de un aire ardiente calmando todos los intentos de traer un fin al dantesco pueblo de Tallahassee.

Creo que va a llover y el bus no llega. Siempre se retrasa después del almuerzo. En la mañana los conductores son más puntuales pero en la tarde se vuelven zorongos y perezosos. A lo mejor es porque se quiere tomar una siesta y como no pueden, se ponen a soñar despiertos. He oído decir que algunas veces se van a dar vueltas con el bus lleno de pasajeros a un parque verde y lleno de árboles por los lados de la cárcel. Lo creo porque el que me lo contó fue pasajero en uno de esos viajes y además, ¿qué va a ganar él con mentir?

—Así son los veranos en Tallahassee—dijo una voz a mi espalda. —Es casi imposible de predecir lo que va a ocurrir en la siguiente hora. No se sabe si va a llover o si va a hacer calor o si va a hacer fresco—y se calló. Yo lo ignoré con una mirada y una sonrisa. La verdad es que ya lo sabía. Todo el mundo lo sabe y la mejor parte es que cuando dicen que "esto es un horno en verano" nadie se larga de esta ciudad y todos nos quedamos aquí sufriendo las agonías del castigo terrenal. Ni yo me he ido con la necesidad que tengo de huir y olvidar. Tengo que dejar de ver mi cuerpo a su lado. Tengo que dejar de mirar sus ojos de moribunda rodeados de ojeras negras que se cuelgan de sus párpados como bolsas llenas de agua.

—No te vayas por favor—me había pedido la semana pasada. —Quédate al menos una hora más—me suplicaba agarrando mi mano, luego mis dedos, dejando las lágrimas rodar por su cara como gotas de parafina, mientras yo disimulaba mi alegría de ser libre nuevamente. No quería escuchar sus súplicas y en mi mente me puse a contar: 1, 2, 3, 4, 5, 6, 7... 30, 31, 32, 33. Aquel día quería deshacerme de mi pasado, de lo que fui, de lo que era, olvidar y no tener que recordar los años que como torpes sin rumbo vivimos juntos. Diez años creo, hace que la conozco. Al principio éramos muy felices, pero como todo, se fue perdiendo el interés mutuo que había entre nosotros. ¡No! No la conozco. Dejé de conocer sus sueños o de leer su mente cuando me miraba con sus ojos de azul claro y pupila oscura. Dejé de desear sus labios tentadores en noches de amores. Dejé de acariciar sus manos delicadas y a no cumplir sus caprichos de niña mimada. 38, 39, 40, 41, 42, 43. Diez años viví con ella y ahora ni me acuerdo de su sonrisa. Nada, absolutamente nada afecta mis sentimientos o el conteo final 43, 42, 41, 40...

—Váyase entonces. ¿Me imagino que tiene que hacer cosas más importantes que quedarse aquí conmigo oyendo mis súplicas?—dijo empuñando las manos y retorciendo los labios. Yo seguí contando 34, 33, 32, 31, 30. Salí. Me cerró la puerta y allí suspiré mirando las nubes cargadas de agua que empezaban a moverse en el cielo de la ciudad, los árboles comenzaron a mecerse y las aves dejaron de cantar.

—Apenas hay un treinta por ciento de posibilidades de lluvias—dijo el hombre a mi espalda. Yo disimulé interés mirando las nubes. Posibilidades, los meteorólogos siempre se ganan la vida con la mierda esa de las posibilidades. Pero esa es la realidad, todo en esta vida está lleno de posibilidades.

Regresé el otro día para terminar mi conteo. —No te quiero
ver más—decía la nota que encontré pegada de la puerta con cinta
transparente. La abrí y decía: "Ya no me quieres y lo mejor es no vernos
más. No esperes volver a ver tus cosas, las voy a botar o regalar y si
insistes en regresar, llamaré a la policía." Así terminó su corta misiva.
No volví a ver su rostro pálido y delgado.

Lástima no haber llevado un paraguas aquel día, siempre lo
tengo a mano pero ese día al mirar el cielo azul y claro decidí que no iba
a llover. Me equivoqué.

—¿Aló?
—Hola, soy yo.
—Hola. ¿Cómo estás?
—Bien, ¿por qué no has vuelto a verme o siquiera a llamar? Si quieres
puedes venir y llevarte todas tus cosas, al fin y al cabo son tuyas.
—Gracias, muchas gracias, 29, 28, 27, 26. Creo que pasaré más tarde 25,
24, 23, 22.
—¿Estás seguro que lo harás?
—Seguro, no. Posiblemente... un cincuenta por ciento.

No lo hice. No fui de regreso a su casa. Que se quede con las
cosas, que las bote, las regale, las destruya, las queme, las triture, las
haga añicos. Que haga retazos con mi ropa, que las convierta en trapos,
21, 20, 19, 18, 17, 16, 15...

Siento las gotas gordas caer y chocarse contra ese pavimento
que titila con el calor del día. Una tras otra se aplastan y explotan
dejando una manchita de agua con burbujitas cuya existencia acaba en
un "BLUMP". Ha comenzado a llover y mi cuerpo necesita cambiar de
piel, de manos, de dedos, de pies. Necesita mudar de pellejo y a ser algo,
o alguien diferente que quiere saltar los charcos y cantar con su voz
ronca y su piel verde la alegría de ser un animal, sin sentimientos, sin
memoria, sin remordimientos, sin pasado y sin ella.

Pero no, olvidé que hay un setenta por ciento de posibilidades de
no lluvia. Las nubes se han retirado huyendo de la ciudad y lo único que
dejaron fue las manchitas que se han empezado a secar.

Para mí es como sino hubiera ni haya existido viento o lluvia que
refresque el cascarón interno que cubre mi ser y que con el calor de la
tarde ha empezado a formar pequeños morritos en la piel como si fueran
bombitas de aire. Los podía sentir. 6, 5, 4, 3...

Allí estaba / La caneca de basura

Ahí estaba yo, en la pista de baile, mezclado entre el bullicio inconfundible de la cumbia y de las guarachas tropicales, sudando gotas saladas, gordas que se desprendían de mi rostro y se lanzaban al abismo de la vida, volando en cámara lenta para terminar estrelladas contra el sucio suelo, de papeles y colillas, y ser aplastadas inmediatamente por las suelas de los zapatos saltarines y alegres (de charol, de tacón, de suela de cuero, de plástico). Desaparecían evaporadas del suelo, las mías, las que salieron de mi, las que resbalaron por mi cara, las que se tiraron al vacío, mis gotas de sudor.

El éxtasis del baile, del ritmo nigromante, de pollo descabezado, de caña de azúcar, de zafra, de tabacos, de cascabeles, de sangre caribeña que se apodera del ser transportándolo como en trance a un mundo erótico controlado por el ritmo de tambores, trompetas y timbales. La vibración del cuerpo, de los huesos, de los músculos, de esas las caderas flexibles y esos trajes ceñidos al ritmo del pan, pan, pún, pún, pan.

The Main Stage era el nombre de aquel hueco en una de las cuadras centrales de Tallahassee. Allí en Park Avenue estaba la cueva de ratas nocturnas, madriguera de salvajes sonámbulos, de latinos en busca de latinas o con ganas de bailar, de tomar, de escapar, de huir, de cambiar de ambiente, de acercarnos un poco a lo nuestro.

Ventanas tinteadas, negras, humeadas, oscuras, luces neón, puerta gruesa con dos puertorriqueños forzudos cuidando una máquina registradora, cobrando cinco por estampa. Es jueves y es Noche Latina.

4

Aquí nos congregamos los que sabemos donde encontrar un poco de lo nuestro y también aquellos a los que les gusta la sonoridad de nuestra raza.

Las paredes del local parecían haber sido pintadas a plazos, un verde aquí, un rojo manzana allá, amarillo pollito en la puerta vetusta de entrada y un azul cielo en la del baño. Pedazos de pared en el suelo, ladrillos rojos con rayitas grises. Una cortina rosada, una flor marchita, de verdad, la otra de plástico y bonitas, de mentira.

Los cuadros con pinturas que tuvieron que haber sido donadas por el Good Will, colgaban de las paredes tiritando de miedo, de caerse. Ellos vieron sus años de encanto y de admiraciones en los años sesenta.

Las mesas sin manteles, la mayoría, se movían de un lado al otro con el suave toque de un dedo doblado o por el sonido de las ondas mágicas de la flauta metálica que tocaba Gabriel. Las lámparas parecían haber sido rescatadas de algún basurero municipal dejando escapar la luz necesaria para iluminar los alegres patrocinadores del ambiente caribeño.

Las sillas con huecos y algunas con graffiti de navaja, cabeza de clavos buscando libertad, algodón y tela, a la vista. Madera, metal y plástico. Mejor yo parado con cerveza en mano.

Sudaba y el aire apestaba con el olor de nicotina. Estaba caliente el ambiente y ya era pasada la una y media de la mañana. Los tragos, el alto volumen de la sonoridad tropical, las conversaciones poco estimulantes, las risas y el bullicio que acompañaba noches de alegrías, aumentaban el bochorno interno de aquella pesadilla de sonámbulos taciturnos.

Fue en medio de aquella algarabía, de la muchedumbre, de luces blancas, rojas, anaranjadas, púrpuras y azules y en medio de "perdón", "¿qué dijo?", "repita", "¿Qué dijo?", "discúlpeme", "ja, ja, ja", "traiga otra ronda pa' toda la mesa", "cha, cha, cha a bailar", "contame más", que la vi.

I saw you first, gringita linda. I saw you many times before around the university, locking up your bike, playing with your hair as you walked down one of the floors of Diffenbaugh. I saw you doing your homework in the library, I saw you talking with your friends in the Student Union during Flea Market Wednesday. I saw you swimming in the pool. I saw you after that horrible haircut, the one that almost left you looking like a boy. But this is the very first time I see you here. In our cave, en esta cavidad subterránea, nuestra sinagoga, nuestro templo cultural. You look so clean, so white, and dry and out of place. Your hair, so straight, so long, so golden. Your facial profile so nicely detailed. I like profiles. I like looking at your nose, strong and not shy. Your shin with that little dimple in the middle gives you airs of Roman empress. And those lips, so full and provocativos. And your skin with those freckles, those beautiful freckles. Your face looks so perfect from here. Mejor tomo otro sorbo de cerveza.

It is during the band's Salsa song that our eyes finally meet. You didn't dare to stare into my dark-brown ojos. I can't hear the music embriagadora. Your eyes, los tuyos, azules, blue, tus ojos. Mírame mami, look at me, don't be shy. Un trago más de la rubia, de Saint Louis. ¿Me le acerco o no? ¿Y si me le acerco le tengo que hablar? ¿Qué le digo? ¿Y qué le pregunto? ¿Y si me ignora?

Me vuelve a mirar, me sonríe coqueta, pícara y alegre. No seas tan mala, no juegues conmigo. Huerita linda, me miras y te sonríes. Where is she going? I think she is coming this way. She is coming towards me! What do I do?
—Hi!
—Hola— the music stops playing. There is silence. People stop screaming.
—Are you the guy? The play writer?
—¿Play writer? —I can't think straight. What is she talking about?
—Yeah, the one who wrote that play? You know, the one presented by the Spanish TA's, the Grad's play?
—¡Oh, yes, that play! The one we did last spring. —You smile; you remembered my face, my play.
—I knew it was you! I liked your acting too!
—¿So you liked the play? —You liked my play, my acting. I look around pretending to be busy looking at the people desperately waiting to hear more music.
—Yes. You are very talented.
—thank you. —Why am I ignoring her? Why am I playing so hard to get? She was the one who came to me. This is my chance, my opportunity to get to know her better.
—I liked your role. You played a very funny character.
—Thank you.
—What's your name?
—My name is Ramón, Ramón Pérez, but my friends call me Ray.
—I like Ramón. Can I call you Ramón?
—Sure. — Ray, what a plain name that is. Ramón sounds better when you pronounce it with your beautiful voice. I like the way you roll the "R" Rrrramón. It doesn't sound natural but it sounds beautiful.

—I am LeAnn.
—Nice meeting you *La Ana*.
—No, not La Ana, LeAnn, LeAnn, L-E-A-N-N.
—As in *"lean más"*?
—No, as in Li-An.
—LiAn?
—Yes, that's it! LeAnn
Silencio. ¿Qué le digo? ¿Qué le pregunto para mantener esta
conversación, este encuentro con vida, con energía? No deje que se
muera la energía.
The music begins to play again, *a cumbia.* Tomo otro sorbo de cerveza.
—¿Quiere bailar?
—What?
—Bailar. —Casi que gritando.
—What?
—Music. Dance, you and I. Bailar, you know.—Gestos de caderas,
movimientos. Las caderas, pasión, enamorados.
—I don't know how.
—LiAn, —I say while looking into her blue eyes, —I'll teach you.
—Más gritos, me estoy quedando afónico.
—What?
—I... can... teach... you...—She puts her hand on my shoulder and
screams into my ears.
—Are you sure? I've no rhythm!
—Yes, here. —I take her hand. I hold on to it close to my chest and pull
her trough the crowd straight to the dance floor. She is now in my arms.
Her left hand grasped by my right one and her waist, her waist secure by
my left one. I can't believe it!
—Now what?—She says screaming. Gabriel, el flautista ahora toca el
trombón. Me saluda y aprueba mi selección con un sí de la cabeza.
—Just feel the music and follow my lead. —Le digo.
El tiempo intolerable corre, pasa. No eternidad. Se fue, es humo es
viento, es nada.

Es hora de salir. Es hora de cerrar. La cueva es iluminada desde
sus entrañas. Ya no es opaca la cueva. Hay luz y de su boca salen las
cansadas ratas en busca de alivio, quieren seguir conversando, de seguir
la fiesta en otro lugar, con la esperanza de robarle vida a la noche.

Y tú LiAn, aquí todavía conmigo, de mi mano, de la tuya la
mía. Te acercas más, me miras a los ojos y luego a mis labios y yo miro
esos ojos azules mirando los labios míos, los que van a besar los tuyos
y los beso. —Everybody out! We are closed! Let's go, everybody out!
The party's over! —Two "boricuas" scream as they pick empty cups and
bottles of beers. —Get out of here guys! The party is over! Thank you

for coming. Don't forget to come back next Thursday! —They continue
to say without taking their eyes of the ground.

El aire refrescante de la calle me transporta de nuevo a la
realidad de Tallahassee. El silencio nocturno, la claridad de la noche,
los robles altos, el ruido distante de los motores de los vehículos, las
charlas alegres de los parranderos, el ruido de los tacones cansados en la
acera, en la calle pavimentada, el ruido de puertas de automóviles que se
cierran y de los estéreos que se encienden.

—Come on LeAnn, it is time for us to go.—Said her friend, out
of nowhere, a short, overweight girl. The one with long and curly hair
and a fake freckle, long-red finger nails. The one with short eyelashes.
The one doing the Dirty Dance at the rhythm of a "Guaracha". The good
friend of the two Puerto Ricans tending the bar. The one who came to
steal my LiAn.
—I could take you home? —I promptly answered.
—No you can't—"La gorda" replays quietly moving her index finger in
my face, the one with a long-red nail, the short one.
—I could LiAn if you want me to. —I said, still holding on to her hand.
—C'mon girl, let's go. —The one with a fake-freckled pulls from LiAn's
free hand. I let go. I look speechless as she is being drag towards a red
Honda Civic, two doors, sunroof, tinted windows, and chromed wheels.

—I'll see you around campus!—The one with blue eyes screams to me
as she gets in the passenger's side of the little, red car, the one with a
sunroof.

—I...—Is all I have time to say as the short eyelashed girls whisked
her away before the clock strikes a quarter pass two. I'll see you later
gringita linda. I'll see around campus. I'll see you unlocking your bike.
I'll see you playing with your hair down one of the sidewalks, or while
doing your homework in the library. I'll see you talking with your
friends in the Student Union during Flea Market Wednesday. I'll see you
swimming in the pool or while working out at the gym. I'll see you, I'll
see you around.

El sendero de la arboleda

Continué mi sondeo como sonámbulo sin rumbo fijo mientras saboreando esa bilis amarilla que brotaba de mis entrañas. Las velas izadas y el viento me acompañan en esta inmensa mar que es la vida. Caminé sin rumbo, levantando el polvo harinado del reseco camino, dejando sólo huellas con mis sandalias de agosto. El soplo alegre de tu memoria que el olvido no se llevó, continúa latiendo aquí en el hueco donde enterré la verdad de nuestra historia, de nuestra vida pasada.

Estuve caminando un rato, por los lados del cerrito de los Ángeles y del Acantilado de Judas, mirando sin afán los jardines con flor de enredadera. Caminé empeñado en extraer honradamente la venenosa náspida naja que se clavó en mi corazón. Caminé pensando en las posibilidades, de otra oportunidad, de otra vida, de un nuevo empezar, en otro pueblo, en otro lugar, pero no, no puedo, tú lo arruinaste todo. Esa es la razón de mi delirio, la única razón que no se divisa en la oscuridad interna pero sí en el aire que vomito.

Después de pasar los naranjos, tomé el sendero que lleva al otro lado de la arboleda y me puse a divisar el paisaje desde la rivera de un manantial, de una quebrada medio seca, debajo de un roble alto y de brazos nobles. Desde aquí se divisa allá lejos casi tímido y medio olvidado en la distancia el pico de los Monjes y en una de sus cuestas logré ver una cabaña de paredes de piedra y techos de paja. Salía de su chimenea un humo gris y de colores opacos. En el alto cielo el asoleado atardecer hacía presencia con nubes tricolores, grises, amarillas, azules y moradas. No vi el naranjado.

Nunca me había aventurado a caminar por estos lares, nunca pasé del Volcancito. Nunca había visto este roble. Nunca había notado sus brazos, así como toda la tierra que mi mirada conquista.

El día estaba fresco y hacía tiempo que no me sentía tan animado como hoy. Hoy fue la primera vez en semanas que tuve la energía necesaria para salir de ese cuarto en el segundo piso. Algo me había llenado de energía y me aventuré a poner en acción mi plan y por eso es que llegué hoy hasta aquí, sin ti y con parte de tus recuerdos.

Decidí que debería hacerlo después del almuerzo. Hoy, decidí que era el día de terminarlo todo, de acabarte. La vida es sufrimiento, es agonía, es pesar, es dolor.

Y es que pienso y le doy vueltas en mi cabeza y no puedo, no puedo encontrar la respuesta a tu partida, tan abrupta, tan de repente, tan sin aviso, sólo una carta con olor a rosas en un saco de paño. La cual doblaste y en uno de mis descuidos, la metiste en el bolsillo interno y me sonreíste segundos más tarde como si nada, para luego... tres semanas he sufrido sin ti, sin tu olor, sin tu amor de madre, sin tus ojos de verde olivo, sin tu sonrisa de primavera. Tu tez parecía fuerte como la rubidia pero es del color de las flores de rota.

La evidencia del pasado sólo la encuentro en objetos empolvados y con telarañas, en la oscuridad de mi conciencia. Y si es que vivo después de poner el nudo en mi cuello, alguien me preguntará "¿y por qué le dio a usted por esas cosas?" ¡Porque sé que me preguntarán, si es que vivo! Y yo los miraré directo a sus ojos y entonces... guardaré silencio. Por eso es que te tengo que olvidar, para no mentir, para no engañarlos. Si es que vivo, para no tenerles que decir que no me acuerdo, que no lo sé; para no tenerles que contar que lo hice por ti. No, no te puedo guardar en mi memoria. Aquí y ahora es el fin de mi vida y de la tuya, de nuestro pasado, colgados de este roble, en esta tarde de agosto y con el viento sacudiendo la sombra de mi cuerpo, cerca de este manantial ya seco.

La operación

Hoy es el día, el día de la cirugía. Finalmente el seguro decidió pagar por la operación. Se tomaron cuarenta días para decirme que sí, que me podía hacer operar y que yo tan solo tendría que pagar el diez por ciento de la cuenta. También autorizaron tres visitas más para cerciorarme de que todo había salido bien y que la rodilla no sufrió ningún estrés post-cirugía.

Sería una operación rutinaria. Mi doctor la había hecho más de quinientas veces y su porcentaje de éxito alcanzaba un noventa y cinco por ciento, lo cual me daba ánimos para hacerme operar y arreglar de una vez por todas este problema con la pierna izquierda para siempre, y poder volver a jugar fútbol con el equipo del barrio los sábados por la tarde.

Nunca antes había estado en un hospital como paciente, de visitante sí y muchas veces, y también había estado para hacerme exámenes de sangre, sacar radiografías y una y otra cosita, pero en un hospital de paciente, nunca.

De acuerdo a las instrucciones de la enfermera que me llamó ayer miércoles, la cirugía iba a ser algo simple, de entrada por salida, tipo restaurante de comida rápida. También me dijo que trajera los papeles del seguro, que no comiera nada después de las once de la noche y que necesitaba estar en el hospital a las siete de la mañana. También agregó que más o menos a eso de las dos de la tarde estaría de regreso en mi casa, por eso no le pedí a mi esposa que me acompañara y decidí dejarla dormir. La pobre últimamente ha estado trabajando tiempo extra

11

en la fábrica.

Desperté a las seis menos cuarto. Me levanté inmediatamente y todavía en mi mente vagaba frescamente el sueño que tuve como si hubiera sido una realidad pasada. Todavía recordaba el olor, ese olor perfumado que se niega a ser olvidado. Soñé que me había levantado, bañado, vestido y había hecho lo rutinario de la mañana. Salí de mi apartamento. Le eché llave a la puerta y me dispuse a caminar la cuadra y media de distancia que hay de nuestro ranchito al paradero del bus. Noté de inmediato que no había carros parqueados en la calle como era costumbre. Tampoco había papeles o basura alguna. Las paredes de los negocios no tenían graffiti, no había carteles en los postes de la luz anunciando un baile, la pérdida de una mascota o la venta de algo que estorbaba. Todo estaba limpio y casi que perfecto. Tan pronto tomé el primer paso, empezó a nevar. La nieve que veía caer tenía algo diferente, olía diferente, era más armoniosa, delicada y suave. Al sacar mi mano para recoger unos cuantos copitos o granitos de nieve descubrí que lo que caía era pétalos blancos de flores, pétalos pequeños que se vinieron encima cubriéndolo todo como si fuera nieve. De repente dejaron de caer los pétalos blancos y empezaron a caer pétalos de diferentes colores, azules, grises, rojos, morados y amarillos.

Caminé un poco por la acera de la cuadra y cerca de la esquina, en medio de la lluvia de pétalos, vi a dos langostas de un rojo-anaranjado cruzar la calle, una detrás de la otra. Me paré a contemplarlas en medio de aquella agonía de lo fantástico, de lo maravilloso, de lo imposible. Ignoradas siguieron su viaje en medio de la calle. Miré a mí alrededor tan solo para descubrir que no había ningún otro ser humano, que yo era el único, acompañado de los pétalos que caían y las dos langostas que cruzaban la calle.

Al doblar la esquina los pétalos dejaron de caer. El bullicio, el gentío, la basura, el graffiti y la algarabía se apoderaron nuevamente de la Calle Ponce. Continué caminando hasta el paradero del autobús y allí, en medio de la cuadra, exactamente en la banca del paradero del bus, se congregaba un grupo de payasos fumando cigarrillos y bromeando el uno con el otro. Algunos de los bufones practicaban sus trucos y otros miraban pasmados a sus colegas sosteniendo ramos de flores y de bombas. Al acercármeles dejaron de hablar, el bullicio cesó y todos me miraron en silencio. Uno de los payasos, se vino directamente hacia mí, sacó una pistola de su bolsillo y me disparó en la frente, una bandera roja salió del cañón del revolver que decía "BANG!" El resto de los fantoches se pusieron a reír. Ahí fue cuando me desperté. Ese fue mi sueño.

Me duché. Era mi costumbre en las mañanas. Me puse

pantaloncillos limpios. Me vestí y salí en silencio del cuarto, no me despedí de Rosita, mi mujer. La dejé dormir. Al ir a la cocina a tomar dos tragos de agua, vi una nota en la mesa en la que me deseaba buena suerte y también me decía que iba a cocinar pollo para la cena y cerró la cartita con un beso y un "Que Dios lo bendiga".

Salí de mi casa a las seis y veinte de la mañana. No estaba nevando pero hacía frío. El pronóstico del tiempo decía que habían buenas posibilidades de lluvias para hoy, por eso llevaba conmigo un paraguas. Caminé hasta la esquina, la de la panadería, y doblé a la izquierda. No vi a ningún payaso en el paradero del bus. Mientras esperaba el bus, entretuve mi estómago, que ya andaba hambriento, con el olor de buñuelos y pan fresco.

Tomé el bus a las seis y treinta y cinco, y a aquella hora ya andaba lleno. Una señora a mi derecha tosía incesantemente. El señor que estaba sentado al frente de mí, decidió prender un cigarrillo, darle dos pitazos y apagarlo inmediatamente antes de que alguien se quejara del humo, del olor o de la nicotina. El chofer marcaba sus paradas manteniendo el ritmo de la música salsa dando golpecitos en el timón con los dedos índices. Yo tuve que viajar parado todo el recorrido hasta el hospital.

Llegué al hospital exactamente a las siete y cinco de la mañana y de acuerdo a las instrucciones que me dio la enfermera, no debía entrar por la "Sala de Urgencias", sino por una puerta que estaba a su derecha y marcada con un letrero negro, encima del marco en el que se leía "Cirugía Ambulatoria". Así lo hice. Una vez allí, me dirigí derecho al mostrador que decía "Recepcionista". Le di mi nombre a la señorita que se encontraba detrás del mostrador y ésta me entregó, unos formularios acompañados de una hermosa sonrisa. Los papeles consistían de preguntas ordinarias como números de teléfonos, nombres, fechas, y un cuestionario médico que se respondían con una equis sobre un "sí" o un "no".

Eran las siete y cuarenta y cinco cuando terminé de llenarlos. El cuarto ya estaba repleto de pacientes, listos para ser cortados como sapos en laboratorio de ciencia de escuela secundaria. La gente viene aquí dispuestos a soportar dolor pero con la esperanza de mejorarse. Todos sabemos o nos hacemos a la ilusión de que el dolor que vamos a soportar es temporal y no duradero.

No había asiento alguno, la sala estaba repleta, me tuve que sentar en el suelo en una de las esquinas de la sala. Miré la tele que se apostaba alta en la pared. Estaban repitiendo el show *Espectáculo*

Musical, y había acabado de cantar Gustavo el Tigrillo y anunciaron que después de los comerciales vendría el Mono León con su canción popular "Aurita no me pongas en el contestador". Mi cuello se cansó de mirar hacia arriba y decidí no mirar más la tele, sino escucharla. Me gusta mucho esa canción del Mono León.

A las ocho, otra recepcionista resguardada por dos enfermeros, llamó el nombre de Soto, Juan Antonio Soto. —Es J. Anthony Suto no Juan Antonio Soto, —dije rápidamente levantándome de la esquina donde me encontraba sentado. Otro señor de avanzada edad, se había parado a la par conmigo pero al repetir la recepcionista —John Anthony Suto, —el señor se volvió a sentar. La señorita repitió el nombre secamente enmendando su error en el papel. Miró nuevamente la hoja de nombres e hizo las correcciones necesarias.

Los dos enfermeros que entraron con la recepcionista, me tomaron de los brazo y me llevaron de allí a un pasillo pintado de un verde limón. El pasillo era largo, con ventanas de cristales y rejas, haciéndome sentir como si estuviera en una cárcel y en camino a ser interrogado por el juez encargado de casos criminales. La luz del día se colaba por todas las ventanas, iluminando aquel pasillo con el reflejo verde de las paredes. Algunos de los pacientes discutían con las personas sentadas detrás de las aberturas en la pared y otros firmaban documentos y respondías a preguntas. A mí me sentaron en una silla al final del pasillo en frente de una ventana de cristal con rejas negras. Pocos segundos después apareció una mujer robusta respirando dificultuosamente y vestida con traje de enfermera. Su blusa tenía dibujitos de Daisy y Mickey Mouse por todos lados y también tenía estampados de corazones y rosas. —¿Nombre?— me preguntó fríamente mirando el expediente lleno con los formularios que yo había llenado hacía media hora.
—J. Anthony Suto, para servirle— Y continuó haciendo las mismas preguntas que ya habían sido contestadas con tinta negra hacía media hora.

Durante los treinta minutos que duró el interrogatorio, la señora robusta nunca me miró a los ojos y su respiración, junto a esa tos que proviene de los pulmones, se volvió más irritante. Yo no veía la hora de que esta papelista terminara con sus preguntas y me trasladaran a otro lugar.

Eran ya las ocho y cuarenta y cinco de la mañana, casi dos horas desde que llegué, y la mayoría del tiempo lo había pasado llenando formularios y respondiendo preguntas. Las mismas preguntas que la enfermera, la que trabaja en la oficina de mi doctor, me había hecho por teléfono anoche y las mismas preguntas que había contestado cuando fui a visitar a mi doctor por primera vez hace casi dos meses.

Tenía hambre. No había probado bocado desde la cena del día anterior. Si me pudiera tomar una tintico con una rosca acabada de hornear, o un buñuelo bien grande y redondo y suave como los que hacen en la panadería de "Los Gauchos", sería perfecto. El tinto con tres cubos de azúcar y un poquito de leche... La robusta papelista me sacó del trance alimenticio. Ella frustró mi escape de los retorcijones estomacales al estirar su mano en frente de mi rostro y hacer sonar los dedos produciendo un chasquido exasperante. Me ordenó bruscamente —¡Estire su brazo por favor!— Lo hice sin hacer preguntas. Inmediatamente me puso un brazalete amarillo de plástico que llevaba mi nombre, fecha, edad, número de teléfono y tipo de sangre. No había espacio para incluir mi religión. Al instante hundió un botón rojo en la pared. Mi nombre y apellido, los que aparecían en el brazalete, fueron mal deletreados, en vez de Suto decía Soto y en vez de Anthony, decía Antonio. No quise hacerle el reclamo, ella no parecía el tipo de persona a la que le gusta reconocer sus errores y mucho menos corregirlos. Me callé. Tenía hambre.

Del lado opuesto del que yo había entrado a ese corredor, entró otra enfermera empujando una silla de ruedas. En su placa de identidad se leía "Rosalinda". Su blusa de enfermera estaba decorada con estampados del Corre Caminos y Wiley Coyote entre escenas de desiertos y picos de piedras formados por la erosión, como los que se ven en las caricaturas. Rosalinda se presentó, me tomó del brazo derecho, me ayudó a sentarme en la silla y me dijo que me iba a llevar a otro lugar. Me llevó a una sala grande con cuartitos a su alrededor. De inmediato me llego a la cabeza y no sé por qué, la idea de que este lugar era una especie de apartamento estudio de matarifes, carniceros o algo así.

Rosalinda me transportó a un cuartito en una de las esquinas de aquella sala. Aquel cuchitril limpio, estaba decorado con paisajes de campos verdes, de árboles altos, cielo azul, tres nubes, y también con un río cristalino que cruzaba el escenario de izquierda a derecha, proveniente de las montañas que se divisaban en la distancia. A la derecha del panorama, se distinguía un vaquero montando un caballo que se alzaba en sus dos patas traseras. El jinete sostenía las riendas en su mano izquierda mientras disparaba su pistola con la derecha. El vaquerizo, por la sombra negra que le cubría su rostro, se parecía mucho al famoso "Llanero Solitario". Rosalinda cerró la cortina que aislaba mi cuarto del resto de la sala, y me dijo fríamente:
—Quítese toda su ropa, incluso sus interiores y póngase esta bata. Otra enfermera vendrá en diez o quince minutos para tomarle las vitales.

15

—Perdón, pero me puede decir ¿para qué hora está planeada mi operación?

—Creo que su turno es para eso de las doce.

—¿Y usted quiere que me quite la ropa a las nueve de la mañana y me quede aquí en cueros hasta las doce del día con tan solo esta bata?

—Sí, lo tiene que hacer. Esas son las reglas. —Y se marchó cerrando nuevamente la cortina. En cueros hasta las doce del día con esta bata y sin saber quien se la había puesto antes. Me quité la ropa y la doblé nítidamente y la puse sobre la silla que se encontraba en mi cuarto, luego me monté en la camilla. Tenía frío y cubrí mis piernas con la manta que estaba a los pies de la cama.

Eran ya las nueve y media cuando Miriam, otra de las enfermeras, entró con una bandeja metálica llena de agujas, mangueritas, bolsas de suero y más papeleo.

—¿Juan Antonio Soto?—Preguntó sonriendo mientras miraba los papeles de la bandeja.

—Querrá decir, "John Anthony Suto".

—Sí claro, perdón. No soy muy buena con el inglés. —Lo dijo en voz baja, casi que con pena.

—Tranquila, usted no es la única. —Le respondí tratando de aliviar su desazón. Ella tomó el estetoscopio escuchó a mi corazón y a mis pulmones. Luego me tomó la presión.

—¿Cómo se encuentra? ¿Está nervioso?—Preguntó tratando de mantener su sonrisa y mirando las agujas del regulador.

—Aquí estoy, en el hospital para ser operado. ¿Cómo cree que me siento?—Le respondí sonriendo. Ella me miró tímidamente al realizar las implicaciones de su pregunta.

Continuó escribiendo números y letras en el formulario que trajo con ella. Prosiguió a tomarme la temperatura, y a insertar una aguja bajo la piel, la cual la conectó a una bolsa de suero.

— ¿Y qué le vamos a operar hoy?—Me preguntó mientras aseguraba con gasa la manguerita de la intravenosa.

—La rodilla. —Le respondí casi que en un tono pedante.

—¿Cuál rodilla?—Prosiguió ignorando el tono de mi respuesta.

—La izquierda.

—La izquierda, muy bien. —Lo dijo maquinalmente, como si la respuesta que le di no importara, sólo el sonido de una posible respuesta.

Continuó haciéndome las mismas preguntas que la enfermera de mi doctor me hizo la noche anterior cuando me llamó por teléfono. Me hizo las mismas preguntas que yo había respondido en los formularios y hojas en la recepción, y también las mismas que la robusta dama me había hecho anteriormente. Preguntas como: nombre de mi esposa, dirección de mi trabajo, dirección de mi hogar, mi número de teléfono, el nombre de mi compañía de seguros, alergias, que si tenía algún problema con las válvulas del corazón, que si estaba en algún tratamiento de aspirina, etc., etc., y escribía las respuestas nuevamente en el formulario.

Todas las preguntas muy rutinarias, hasta que Miriam me hizo tres preguntas nuevas que ninguna de las otras mujeres me había hecho antes. Me preguntó que si tenía seguro de vida, que si tenía un testamento hecho y firmado, y también que si quería ser resucitado en caso de que me muriera en el quirófano. Las dos primeras fueron fácil de responder, pero la última, no sé, esa me hizo pensar, reflexionar un poco. Para cerciorarme que la escuché bien, le dije:
—¿Perdón?—y ella prosiguió a explicar: —Usted se ve joven y posiblemente no va a tener ningún problema en la sala de operación. Esa pregunta es más que todo para personas mayores que han padecido de enfermedades y han sufrido por muchos años. Me imagino que usted quiere que lo resucitemos, ¿verdad?—Dijo interrumpiendo mi asombro y mirándome a los ojos.
—Sí, claro. Resucítenme por favor. Rosita se va a poner muy triste si no vuelvo a casa hoy. Va a guisar un pollo de cena.
—¡Qué bueno!—Dijo llenando espacios en el formulario. Al terminar, me pidió que escribiera mis iniciales al final de la primera, la segunda y que firmara la tercera página. Lo cual hice con mucho gusto.

A las diez y veinte vino otra enfermera. Me saludó, me preguntó mi nombre y sacó una jeringa de su bolsillo e inyectó su contenido en la manguerita que me alimentaba el suero en el dorso de la mano izquierda. Ella dijo que era un antibiótico para evitar las infecciones después de la operación. También me preguntó que si necesitaba algo. Yo le dije que sí, que tenía hambre, que si me podía traer algo para comer se lo agradecería un montón. Ella me dijo que no, pero que si quería me podía traer agua para beber, pero nada de sólidos o de azúcares. Yo le dije que si me iba a traer agua que fuera bendita pues solo un milagro me iba a curar el hambre que tenía. Ella no dijo nada, se marchó y a los cinco minutos regresó con un vaso plástico medio lleno de agua con sabor a cloro.

Más o menos a eso de las once llegó otra persona a mi cuartito. La blusa y pantalón de cirujano eran verdes. La máscara de cirugía reposaba en su pecho. Traía bajo su brazo una tablilla.
—¿John Antonio Suto?
—John, o J. Anthony Suto querrá decir. —Dije corrigiendo su pronunciación.
—Cirugía, rodilla izquierda. Su doctor es... Luís Fernando...—Mirando otras páginas en su sujetapapeles—...Jaramillo.

—Correcto—Respondí inmediatamente.

—Doce del día. Nada complicado. Por lo general usamos anestesia local y va a salir caminando de aquí después de dos o tres horas de observación. —Dijo como si estuviera leyendo una lista y casi que rebuscando información para diseminar. —¿Alguna pregunta?—Añadió de repente.

—Si doctor, dos preguntitas no más.

—¡Cómo no! ¡Bien pueda! ¿Cuáles son?—Dijo complaciente.

—Primero, ¿cómo se llama usted? y segundo ¿es usted el anestesiólogo u otro enfermero?

—¿No le dije eso cuando llegué?

—No.

—Perdón entonces por no haberme presentado y no haberle explicado esas cosas. Yo soy técnico Juan Jesús Peralta y soy anestesiólogo como usted precisó y el propósito de mi visita es el de informarle lo de la anestesia, procedimientos y cosas de esa naturaleza. Mi presencia es más que todo informativa, una visita formal para que se sienta más seguro y cómodo sabiendo lo que va a pasar.

—Mucho gusto técnico Peralta—le extendí la mano —y muchas gracias por su visita.

—¿Alguna otra pregunta?—Dijo frotándose las manos como si se las hubiera ensuciado con las mías.

—No gracias, eso es todo. Creo. —Le sonreí pero no hubo respuesta.

—Bueno, si eso es todo, nos vemos más tarde. —Y salió por el mismo roto que él había formado en la cortina cuando entró.

A las once y quince volvió Miriam. Esta vez llevaba puesta una sonrisa inmensa, de oreja a oreja.

—¿Y cómo sigue el paciente?—Preguntó inmediatamente.

—Medio aburrido pero sobreviviendo. —Le respondí.

—Bueno, dentro de quince minutos lo vamos a llevar a otro lado, en donde lo van a preparar para la operación. ¿Tiene usted alguna pregunta?—Dijo todavía sonriendo.

—Por ahora no.

Media coqueta —Bueno, entonces vuelvo dentro de quince minutos.—

—Aquí nos vemos. —Le dije guiñándole el ojo izquierdo.

Veinte minutos más tarde, los cuales parecieron una hora, tres personas se aparecieron en mi cuartucho. Todos llevaban trajes de doctor, y sus camisas tenían estampados de caricaturas de Disney. Una camisa con Bugs Bunny, la otra el gato Silvestre y el Canario Tweety y el único hombre del grupo tenia los dibujitos del Zorrillo. Las gorras también tenían dibujitos de tiras cómicas. Las máscaras que reposaban en sus pechos complementaban los dibujos animados pues eran las caras o picos o bocas de los dibujos animados que llevaban en las camisas.

Me pusieron en otra camilla y me sacaron del cuarto rápidamente y empujaron mi camilla por un largo corredor. Primero hicieron una derecha y después de pasar por mostradores, y un quirófano, hicieron otra derecha. Después de tres puertas, doblaron a la izquierda en el primer corredor y finalmente se echaron otra izquierda completando con esta el número "2".

Empujaron la camilla en el quirófano. De la camilla me trasladaron a la mesa de operaciones. Después de acomodarme en la mesa, me estiraron el brazo izquierdo en algo así como una tabla y me pusieron el aparato para tomar la presión. Ahí me dejaron en manos de una señora y de un hombre de ya avanzada edad. Estos me cubrieron el cuerpo con sábanas verdes claras.
—¿Cuál es su nombre?—Me preguntó el ya casi anciano que se encontraba en una silla a mis pies.
—John Anthony Suto. —Miró rápidamente en las hojas que tenía en el expediente.
—¿Soto?— Preguntó medio insistente después de leer el nombre que yo llevaba en el brazalete.
—No, S-U-T-O.
—Yo soy muy malo para el inglés. Tomé clases de inglés en el bachillerato pero no me fue muy bien. Pasé la materia raspadito. El profesor aquel era muy estricto, no nos dejaba hablar en castellano durante la hora que duraba la clase, siempre teníamos que hablar en inglés y claro, yo no le entendía no pío al viejo aquel... parecía que hablaba como con una papa caliente en la boca... Creo que el profesor ese fue un Marinero de la Infantería norteamericana. Peleó en la guerra de Vietnam. El hombre ese estaba un poco flojo del coco, ¿sabe lo que quiero decir?
—Yo dije Soto, no Suto— Le respondí y él de inmediato aprobó su respuesta, marcando una hoja del expediente con el lápiz.

Sin darme cuenta la señora había inyectado algo en la manguerita que transportaba el suero.
—¿Y qué vamos a operarle hoy?—Me preguntó mientras adhería las mangueras del brazo derecho con cinta pegante.
—La rodilla iz...
—¿Esta?—Dijo el señor tocando la rodilla derecha.
—No, la otra...—Dije y ambos se rieron.
—No se preocupe, es humor de anestesiólogos. —Me dijo el hombre ya enmascarado.
Luego la doña tomó una máscara de plástico conectada a una manguera gruesa y la puso sobre mi cara y dijo: —respire profundo dos veces—
Yo respiré dos veces antes de respirar por tercera le tomé la mano y

aparté el aparato de mi cara.

—¿Dónde está el anestesiólogo?

—Yo soy la anestesióloga. —Contestó la señora rápidamente.

—Y yo soy el instrumentista. —Dijo el señor poniéndose la mano derecha sobre el pecho.

—¿Qué pasó con... Juan Jesús... Pe...?—Dije buscando aliento.

—Juan Jesús ¿qué?

—Peralta. —Añadí casi que gritando. Ambos ancianos se miraron y levantaron los hombros. La señora volvió insistente a poner la máscara en mi cara.

—Respire profundo dos veces. —Dijo mirándome desde arriba. Tomé bocaditos de aire profundos. —Profundos por favor—Dijo insistente la señora. Yo tomé uno, dos, y...

—Le sacamos el apéndice y ya verá como lo dejamos como nuevo don Juan Antonio Soto. —Fue lo último que dijo la señora antes de que todo se oscureciera. Traté de decirle que mi nombre era John Anthony Suto y que la rodilla izquierda era lo que tenían que operar, pero no pude. La anestesia me privó de todo sentido inmediatamente. Todo se oscureció.

Don José Luís Varsel

Érase una vez un hombre, que conducía su carro un día más rápido que de costumbre. Mientras manejaba la ruidosa y oscura antigüedad, se revelaba en su rostro la desesperación y la frustración al verse en la penosa misión de empujar en el pasacintas, la cinta magnética que su hijo George Washington le había obsequiado con motivo de su cumpleaños.

El carro devoraba hambrientamente aquellos caminos angostos, montañosos y solitarios del municipio de Antriño, formando dos nubes de colores diferentes que se esfuman pacíficamente en la inmensidad de la verde montaña andina. Una de las nubes era amarilla y la otra de un color gris claro, ambas salían de la parte trasera de aquel perol.

A don José Luís Varsel lo caracterizaba entre muchas otras cosas, su temor de aceptar en la vida diaria los artefactos eléctricos modernos. Odiaba la tecnología y las comodidades que ésta le pudiera brindar, las cuales en su parecer no hacían otra cosa más que complicar la vida. Le aterrorizaba el tener que hundir botones y esperar que aparezcan luces y rayitas de colores que suban y bajen y todas controladas por el volumen. Además de esto, tampoco le importaba (en el campo de la tecnología) los grandes beneficios o conveniencias que ésta le pudiera traer.

El temor y fobia que el viejo Varsel sentía por aparatos modernos era tal que después de haber hecho instalar el nuevo radio en su carro, se había negado totalmente a leer las instrucciones pertinentes a su uso y manejo, por lo tanto el número doce no dejaba de latir interminablemente como si fuera una estrella fugaz en el tablero del carro. Podrían ser las ocho de la mañana o las tres de la tarde y lo único que se podía leer, eran las doce, prendiéndose y apagándose sin cesar. Monótona y continuamente, lo único que se leía eran las doce, una y otra vez. Siendo repetida sin parar el uno, dos, dos puntos, cero, cero.

El viejo Varsel había ignorado el manual de instrucciones completamente. El caso era que no sabía como programar el tiempo del radio, pero tampoco sabía como instalar o sintonizar nuevas estaciones en la memoria del aparato. Este radio no tenía las manillas o manijas monótonas a las cuales el viejo Varsel estaba acostumbrado, ni la aguja señalando los números de las emisoras sintonizadas como el radio viejo que solía tener en su carro. Lo que sí tenía era botones de todas las clases, tamaños, formas y colores, botones que se tenían que apretar, darle vueltas y hundir nuevamente por fracciones de segundo para lograr el cambio deseado. También tenía las lucecitas que se iban y venían como los árboles de navidad inundando la pantalla diminuta en donde aparecía toda clase de números, letras, rayas y círculos de mil colores. La exhibición que producían las hermosas luces era tal, que hasta el mismo padre Repollo les pasó su mano sagrada haciendo la señal de la cruz y así logrando bendecir los bellos avances tecnológicos.

El anciano le tenía pavor a esos aparatos modernos que vienen con memoria. Aparatos que se tienen que programar para que así vayan cobrando poco a poco vida y adquiriendo una personalidad propia. Uno de tales aparatos que había contribuido a tal fobia fue, como cosa interesante, ese radio transistor que se encontraba instalado en su carro.

Su deseo de vivir en sus recuerdos y su feroz creencia de que todo tiempo pasado fue mejor, le hacían anhelar los viejos artefactos o aparatos transistores de forma copular, de colores oscuros, de manijas redondas y con parlantes de antaño que dejaban escapar sonidos similares a los producidos por un disco de treinta y tres revoluciones en una cantina de pueblo y que se ha ido gastando lentamente a causa del uso, y claro, el uso se debe en parte a las dedicatorias que hacen los borrachos enamorados.

Eran los días de verano en tiempos de juventud los que el viejo Varsel recuerda y anhela con agrado, días en que sentado en la silla negra y robusta de patas arrugadas y gruesas de elefante, escuchaba impacientemente las últimas noticias de Caracol y del reportero "Clarín". La monstruosa silla con patas de elefante, don Aurelio Mateo Varsel, su padre, se la había comprado a un agente viajero de India, después de que el codicioso vendedor insistió (con su acento de hombre misterioso), que la silla poseía poderes curativos especiales y sus patas arrugadas de elefante podían curar cualquier mal corporal así como los males del espíritu.

El terciopelo que la cubría según su vendedor, había sido hecho por hombres pequeños y de ojos rasgados del lejano oriente y enviados a la India en palomas mensajeras de "poquito, a poquito" en frasquitos que se amarraban de las patas de las palomas, donde luego y después de un largo viaje a través de las montañas misteriosas del Himalaya, mujeres vírgenes de su tierra cosían desnudas los pequeños trozos hasta formar la cómoda obra maestra, suave y delicada de la cual sólo reyes tenían el privilegio de gozar y disfrutar.

Los brazos corpulentos de la silla eran gruesos y redondos y terminaban tallados en garras de oso. El joven José Luís disfrutaba de estas comodidades cada vez que se sentaba en la silla y recibía la sensación de ser un rey en algún país lejano y misterioso.

Por veinte días don Aurelio Mateo no permitió que nadie se sentara en la poltrona poderosa y curativa, pero al llegar el veinteavo día después de la visita del agente viajero, don Aurelio Mateo Varsel recibió su primera infección de carranchil. Los síntomas de tal enfermedad comenzaron precisamente cuando estaba sentado en la silla de patas de elefante. De no ser por la intervención milagrosa de los remedios y las yerbas de la india Hermilda Bolívar Fantasía, don Aurelio Mateo se hubiera encontrado, a su temprana edad, con sus antepasados los señores libertadores de la Santa República.

Así fue pues como desde su adolescencia, don José Luís Varsel llegó a disfrutar de las comodidades de la silla de patas de elefante y de la suavidad del negro terciopelo que la cubría, ya que su padre se negó a sentarse en el majestuoso mueble después del veinteavo día de su adquisición.

Allí cuando joven, don José Luís se pasaba las horas esperando impacientemente escuchar el sonido de disco rayado con voces que venían y se iban. Esos eran los sonidos que le traían recuerdos gratos de su niñez y de los buenos tiempos cuando pasaba las horas al lado de la radio oscura y de sonidos arcaicos.

Ahora, el viejo Varsel dejó escapar una sonrisa mientras conducía y trataba en vano y en desesperación de localizar una emisora en el aparato moderno que su hijo menor le había obsequiado. Al pensar en el nombre de su hijo se dejó llevar de los recuerdos pasados y el cómo llegó al resultado final de bautizarle con el nombre de George Washington.

Se dio el caso de que al nacer su último hijo, el menor de los Varsel (en una línea de héroes y de hombres prodigiosos), don José Luís Varsel decidió irse para la sacristía del pueblo de Antriño y entre libros y documentos viejos, empolvados y olvidados por la última inquisición, se enfrentó con la animada tarea de buscar nombres de hombres nobles, de héroes modernos o pasados. Buscar nombres de personajes inmortales y de gran aporte a la humanidad. Entre tantos nombres que vio y escribió en su lista de posibilidades, el que más le llamó la atención fue el nombre de un líder llamado... y de acuerdo a su pronunciación de persona conocedora de las lenguas modernas, "Creoger Uasintún". Ese era el nombre de un gran general, del líder prodigioso que llevó una gran nación a su libertad. El nombre de un héroe inmortalizado en sus conquistas militares sobre sus enemigos y también en su sabiduría de leyes y habilidades gubernamentales.

Así bien pues que a pesar de que el padre Repollo, párroco único en el municipio de Antriño, se oponía al ritual de nombrar a un ser puro, inocente y divino con el nombre de un extranjero y quien "había muerto de enfermedades un poco sospechosas". También recalcó el cura único, que "no pertenecía a la religión Católica", lo cual era una cosa grave e imperdonable y por lo tanto se oponía rotundamente a bautizarlo con ese nombre. Pero, el viejo Varsel se había dispuesto a nombrar a su hijo con el nombre del gran general norteamericano sin importarle mucho la vida futura en las llamas del infierno, de las que el padre Repollo había prometido que serían su morada final de seguir insistiendo en nombrar a su hijo con el nombre de un pecador protestante. – ¡Ese Hijo, no es suyo! Es el hijo de Dios– insistía el padre Repollo una y otra vez.

Así fue, que después de tanto luchar contra la autoridad local inquisitiva, decidió hacer uso de las conexiones en Popayán y allí logró don José Luís Varsel, recibir autorización para bautizar a su hijo con el nombre que ya conocemos. Finalmente el padre Repollo tuvo que ceder a la presión de autoridades eclesiásticas y políticas de mayor poder y tolerar el bautizo del niño.

Regresemos al presente y permítame que le cuente el caso del radio. En este radio moderno que ocupaba un pequeño espacio en el tablero de su carro, existía la memoria. Se podía programar y con el toque más leve del dedo se podía encontrar la emisora más esquiva y la más remota, pero para el viejo Varsel, esas cosas de memoria era algo demasiado moderno, abstracto y complicado para que él pudiera entenderla. Mejor decidió conformarse con escuchar la música del pasacintas y escuchaba continuamente y sin parar la misma cinta magnética de música vieja que contenía los tangos, comparsas y boleros inolvidables que más le gustaban. José José, su hijo mayor le había grabado esta cinta magnética como el complemento al regalo de George Washington.

El nombre de José José, es otro caso que se debe de explicar pues resulta que don José Luís decidió bautizar a su primogénito con el nombre de su santo preferido, San José, luego quiso que tuviera su primer nombre José, así fue como su hijo mayor terminó siendo bautizado con el nombre de José José Varsel de la Asunción. Por supuesto que el padre Repollo no se opuso a bautizarlo con tan sagrado nombre y es más, aseguró que "ese nombre le daría entrada fija al paraíso".

Regresando al tema de la cinta magnética y antes que me vaya por donde no es, ésta siempre se encontraba en su lugar, en el pasacintas. Nunca veía el sol caliente y tostado de verano, ni la luz del nuevo día, ni las lluvias torrenciales de los inviernos tropicales, ni la oscuridad de la noche, ni las estrellas altas en el cielo. Siempre se encontraba metido y escondido en su estrecha guarida. Era como si el único propósito del pasacintas fuera el de tocar el mismo cassette, una y otra vez sin descansar, sin parar.

Fue una de esas veces que en su afán por aumentarle volumen al radio mientras manejaba su viejo perol por aquellas cordilleras andinas, que don José apretó por puro error el botón que dejaba en libertad el cassette de su prisión y en lugar de escuchar la música vieja de los años cuarenta y cincuenta el radio comenzó a transmitir las ondas de una emisora de la ciudad. Se escuchó la música nueva y moderna, la música llamada Rock. "Música con sonidos que transforman a cualquier hombre culto y de buena crianza, en un hombre rebelde y endemoniado. Música hecha y compuesta por hombres pecadores y peludos del demonio", solía decir el viejo y sus razones tenía para tales cosas.

Supuestamente y de acuerdo a las alegaciones del viejo, su cuarto hijo llamado José Eduardo de Jesús Varsel de la Asunción, se había convertido en un "Hippie" a causa de esa música moderna. José Eduardo, había sido un hombre ejemplar, respetuoso, inteligente, honrado, trabajador y de buenos modales, en general y en resumidas cuentas. De acuerdo al viejo Varsel, "era un santo" y añadía que, "desde que regreso del ejército, se dejó crecer el pelo, empezó a fumar esa hierba que su abuela cultivaba para hacer los remedios del asma. También empezó a juntarse con las malas compañías y hasta a desobedecernos", añadía don José Luís Varsel frecuentemente. Por supuesto, la explicación que él encontró para justificar el comportamiento de José Eduardo, fue que esa música Rock fue la causa de la perdición de su hijo y en su pensar razón tenía para querer cambiar la estación de música con tanto desespero.

El viejo Varsel puso nuevamente el cassette en su guarida pero la música Rock continuaba sonando, él en su desespero comenzó a tocar los botones redondos, los cuadrados y rectangulares también a apretar los unos y a hundir los otros. Luces, rayas cuadradas, delgadas y gordas y de muchos colores aparecieron y desaparecieron. Luego vinieron los círculos, los números y las letras. En uno de esos momentos de desespero viendo el fenómeno que venía y se iba por la pantallita del radio hundió tres botones simultáneamente. Notó con aire de pasmado que el constante cambio del prender y apagar del número doce había desaparecido, en su lugar se leía: "uno, dos, cero, uno," y eso fue todo. Los números no cambiaron ni se repitieron como lo habían estado haciendo los números "uno, dos, dos puntos, cero, cero".

No sabía en aquel momento si gritar de alegría o si destruía el radio, pero por un momento, por un pequeño momento, no pensó más en la endemoniada música. El pobre anciano estaba demasiado agitado para pensar en eso. De nuevo trató de repetir los mismos movimientos que había hecho anteriormente mientras que manejaba como un loco por aquellos caminos culebreros, hundiendo diferentes botones simultáneamente. Primero dos de los redondos, luego tres de los redondos, más tarde un cuadrado y un redondo y así manejaba sus kilómetros andinos tratando una y otra combinación.

Don José Luís Varsel creía con firmeza que finalmente podría tener un reloj en su viejo Studebaker. Un reloj que trabajara, un reloj que le daría la hora del día y la noche, en lugar del continuo prender y apagar del número doce, pero por mucho que apretaba y hundía botones, no lograba conseguir alterar la hora que en el reloj se proyectaba. Todos sus esfuerzos y las combinaciones hechas con los diferentes botones fueron en vano. Se rindió y ahora más que nunca la música Rock lo estaba volviendo loco. No sabía como cambiar la emisora ni como hacer que la cinta sonara nuevamente.

Fue en medio de esta desesperación que decidió parar su carro y tratar un truco nuevo para superar la tecnología moderna. Se detuvo al lado de la carretera, se bajó del carro; luego de haberlo asegurado con la palanca de emergencia y cuñarlo con dos piedras grandes que encontró al lado de la carretera. Se movió rápidamente al frente del carro, insertó su mano vieja y arrugada entre la persiana de la trompa del carro y de un suspiro empujó la tapa del motor hacia arriba exponiendo el viejo, sucio y grasoso motor. Luego procedió a desconectar una de las terminales de la batería sin importarle mucho cual era la corriente de los cables, si era el positivo o si era el negativo pues supuestamente y de acuerdo con el joven que le instaló el radio "si el carro se queda sin electricidad o batería el radio deja de trabajar y las emisoras y la hora puesta en el reloj del radio se borrarían". Don José Luís no recordó literalmente tanta información pero sí recordó la parte de "batería" y "se borrarían". De toda la información dada por el joven flaco, alto y barroso que trabajaba en el taller de don Pepe Chatarra tan solo esas tres palabras en su memoria le bastaban para tratar algo nuevo.

Después de haber desconectado uno de los cables de la batería, se fue a mirar rápidamente el radio a ver si podía ver alguna luz o sonido que le indicara si en realidad no existía ninguna forma eléctrica sobrante que continuaba alimentado el radio. No, no vio nada. No vio las luces de ninguna clase, ni la lucecita roja, ni la verde que aparecía en la esquina, ni la amarilla que se prendía y se apagaba cuando el cassette tocaba su música vieja, ni la hora del reloj. Todo estaba oscuro y silencioso en ese radio de más de un millón de pesos.

En vista de los avances técnicos logrados, regresó al motor y conectó el cable de la batería que dos minutos antes había desconectado. Apretó la terminal del cable con su fuerza increíble de anciano y luego la remachó con una de las rocas del camino. Cerró el capó de un brusco jalón y regresó impaciente a la cabina de su automóvil para ver los resultados de su lucha solitaria contra la tecnología moderna, combinada con lo viejo y terco.

Al voltear las llaves del arranque sus ojos se quedaron fijos en el radio mientras que apretaba pensativamente los labios. El reloj había vuelto a iluminarse y se podía leer claramente la "una, dos, dos puntos, cero, cero." Pero su sorpresa fue mayor, cuando lenta y pasivamente el volumen comenzó a revelar que la odiosa emisora de música Rock, no se había borrado de la memoria del radio y que sería forzado a escuchar esos sonidos del infierno por el resto del viaje.

Después de llegar a su casa y luego de haber descubierto el significado de la palabra "On" y "Off", el viejo Varsel no volvió a usar el radio ni el pasacintas de su perol. Del reloj se sabe que salió con la ingeniosa idea de restar tres horas y veintisiete minutos a la hora que registraba para saber con exactitud la hora del día y la noche. También prometió "no volver a joder con esas cosas modernas de botones y lucecitas que probablemente son creadas por los mismos demonios, para sacar de quicio hombres inteligentes, honestos y de buena paciencia como él".

El mercado del tío Tuto

Anteayer vino mi tío Tuto. Llegó temprano y se fue temprano como es costumbre y como siempre, nos trajo el mercado para la semana. Los chinos de los bajos: el Negro, la Rata, Dientes de Morder a Cristo y la Coja, salieron alegres a saludarle como si él fuera familiar de ellos. Claro, el tío los recibió como si ellos lo fueran. Les regaló un confite, un banano y les repartió el cambio que traía en los bolsillos. Le ayudaron a subir el mercado y les dio de agradecimiento galletas a cada uno de esos bobos.

Ellos, como pirañas, esperan al tío Tuto impacientemente los lunes, pues él les llena la barriga de golosinas y los bolsillos de menuda. El otro día, mientras lo esperaban impacientes entre la pared y el escaño, los oí desde el balcón ensayando una canción que compusieron:

> *"Llegó mi tío Tuto.*
> *Llegó mi tío Tuto*
> *y trae galletitas*
> *y también menudita*
> *para ti y para mí.*
> *Llegó mi tío Tuto".*

Anteayer comimos lo más de bien. Mi mamá hizo sancocho con carne de lomo. También comimos mangos maduros. Los cuatro días después de la visita de tío Tuto se hartan de comer, pero en el sexto día de desayuno sólo comen arepas con mantequilla y aguapanela. De almuerzo sopa de arroz y a la comida frijoles, arroz y resgordes fritos.

El lunes mi tío trajo, además del mercado, noticias y propuestas para mi mamá. Al principio no supe la razón por la cual mi mami se puso tan triste, pero después de que mi tío se marchó me preguntó que si me quería ir por un rato donde mi tío Alberto a Sonsón mientras se mejoran las cosas por aquí. Entonces supe que el mensajero no traía buenas intenciones. Yo le respondí con un "no" absoluto, pero ella trató de convencerme diciéndome que allá iba a tener una mejor vida, mejores cuidados, mejores ropas y menos trabajos. Yo pensaba, mientras ella hablaba, que a lo mejor me mandaba de sirvienta de mis primas y que ellas me mirarían con desprecio por ser quien les lava los calzones, limpia los pisos y hace los mandados en vez de ir a la escuela.

Ella ya no me quiere.

Ayer decidí no ir a la escuela. Me levanté quejándome de un dolor de estómago. Mi mamá me creyó pues piensa que ya es hora que me haga señorita y que esos dolores tienen algo que ver con yo no sé que enredos de huevos y renacuajos. Tuve el presentimiento de que cuando regrese de la escuela, mi mamá y mi abuelita se hayan marchado y me hayan dejado solita en este mundo y yo me tenga que quedar aquí en este caserón desamparada cuidando al Ñato y a la loca de Ursulina.

Ayer, después de la cena, mamá siguió insistiendo que le parecía una buena idea la del tío Tuto, la que yo me fuera por un rato allá a Sonsón, donde pudiera respirar aire fresco y engordar un poco. —El frío le asentará bien—dijo ella. Yo no le respondí, guardé silencio, pero por adentro me comía una rabia. Me sentí desamparada. La idea de la soledad y el vacío del páramo, me inundó toda el alma. Esas cosas de estar lejos y entre extraños, aunque digan que es familia no me gusta nada. Mejor callé.

Si mi papá estuviera vivo, de seguro que no me dejaría ir a ningún lado. Él me cuidaría y me mimaría como si yo fuera su princesa, su reina. Él me sentaría en sus piernas y me daría abrazos y picos y me diría que no me preocupe por ninguna de esas cosas. Sí, mi papá me cuidaría.

Yo no me acuerdo bien de papá, sólo sé que dicen que era un hombre muy bueno, honesto y trabajador. Pero como dice Faber o mejor dicho Dientes de Morder a Cristo: todos los hombres son buenos después de muertos. Pero yo sé que mi papá sí era bueno.

Yo mantengo una foto de papá cerca de mi catre. Es la única foto que tengo de él. Se ve tan bonito en su uniforme de paño verde, con su pistola y su gorra de policía y los botones brillantes. Mi mamá dice que mi inteligencia la heredé de papá y que también le saqué los ojos negros y tristes y su mirada de soledad.

A papá lo mataron en Chiquinquirá, la guerrilla. Según los cuentos de mi mamá, el martes que decidieron tomarse el pueblo, vinieron a buscarlo a la casa a las tres. Mi mamá se puso a gritar como loca cuando se lo llevaron. Lo sacaron en calzoncillos de la cama y lo mataron a tiros en la gasolinera, detrás de un carrotanque. Su sangre se mezcló con las manchas de aceite que dejaban los carros en la tierra de la bomba. El olor de muerte se mezcló con el del ACPM.

Ella sabía que esa noche iba a ser la última vez que iba a ver vivo a su Gustavito. Cuando don Julio, el chofer del municipio, le dio la noticia de lo que había pasado le dio un ataque y casi se muere. Desde entonces tiene que tomar Epamín. No tuvimos tiempo de velarlo. Lo mataron temprano en la mañana y lo enterraron ya amaneciendo, en un hueco o fosa que llaman "común". Yo no me acuerdo de nada. Sólo tenía cuatro años, pero de solo pensar en eso me da un no sé qué. Es como un temblor y un escalofrío y me empieza a latir el corazón más rápido y también me empieza a temblar uno de los párpados, el del ojo izquierdo, y no lo puedo parar. Y si pienso mucho en como murió Gustavito me da una jaqueca que me dura un día entero. No se me quita con nada.

Mi mamá, se largó de Chiquinquirá tan rápido como pudo de temor de que le diera a la guerrilla por venir por nosotras. En dos días llegamos a Medellín. Eso hace ya siete años. Nos le metimos a la casa del hermano de papá con las pocas maletas y le dimos las nuevas y las malas. Mi tío Tuto nos dejó vivir en una de las casas suyas arriba por la terminal de los buses de Buenos Aires. Ahora mi mamá trabaja de costurera los sábados y domingos, y durante la semana de cajera en la carnicería "La Boina". La pobre no tiene ni tiempo de ir a misa, mucho menos de comulgar. Mi abuelita, la mamá de mi papá vive aquí con nosotras y le ayuda con los encargos de las costuras. No es mucha ayuda pues se está quedando ciega. El Ñato, mi hermanito, se mantiene llore que llore todo el día. La tía Ursulina, la hermana menor de mi papá, está medio loca, y se mantiene remedando al Ñato. Ella no deja de rascarse la cabeza y de comerse la costra de sus enconos.

No me quiero ir de aquí. Mejor me quedo limpiándole la caca a la boba de Ursulina antes de que se la coma que de irme a vivir a Sonsón. Sonsón está al lado del páramo y en el invierno se pueden ver las nubes bajando por la cordillera abajo hasta que invade el pueblo y lo cubra todo. Sonsón es tierra fría y triste y lo único que siembran allá es papa y maíz. Todo el mundo anda enruanado o enchaquetado. ¿Qué me voy yo a hacer en Sonsón que yo no pueda hacer aquí?

Consumiendo consumo

Personajes:
Alfa
Omega
Vendedor de Pollo
Vendedor de Friticos
Vendedor de Refrescos #1
Vendedora de Refrescos #2
Vendedor de Autos #1
Vendedor de Autos #2
Vendedora de Viajes Tropicales
Vendedor de Música
Vendedor de Cereales
Vendedor de Zapatos
Ministro de Salud
Voz Profunda
Voz Celestial
Vendedora de Interiores
Vendedora de Blue Jeans
Vendedor de Cerveza
Vendedor de Cuenta De Ahorro

La obra se desarrolla en la sala de una casa, en el fondo de ésta se encuentra un escritorio con computadoras (dos pantallas, dos impresoras, un teléfono, máquina de fax y un montón de aparatos relacionados con la computación. Ambas pantallas están trabajando e imágenes vienen y van de éstas). Al lado derecho del escenario se encuentra la puerta y en el mismo lugar hay un sofá. A la izquierda encontramos un comedor pequeño y junto a la mesa del comedor hay un refrigerador. Las paredes de la sala están decoradas con carteles de todos los colores, formas y propaganda de todas las marcas (carros, ropa, comida, restaurantes, viajes, partidos políticos, etc.). Omega se encuentra de pie mientras Alfa hunde teclas en la computadora. De repente, Alfa mira algo que aparece en la pantalla de la computadora, toma un aparato que se encuentra reposando en el escritorio y lo compara con el de la imagen de la pantalla. Inmediatamente se pone de pie como si fuera a salir de la casa. Omega se sienta en el escritorio y toma posesión de la computadora.

Omega: ¿Para dónde vas Alfa?

Alfa: Para ningún "ladonal".

Omega: (Señalando el pequeño aparato que Alfa tiene en las manos). ¿Y qué vas a hacer con ese?

Alfa: ¿El toca "con-patos"? (Omega mueve su cabeza en señal de aprobación) Bueno como tú sabes, no he podido conseguir "conotos" que le sirvan. Hace tan solo una semana que lo tengo y ya es obsoleto. Cuando lo compré, el vendedor insistió en que, como mínimo, se demorarían un mes en sacar la versión más avanzada. También me dijo que la nueva versión CDXPWR3342 de estos "con-patos" irían a tomar o "ancotear" los "rodoles" viejos o mejor dicho, de este modelo y yo claro, confiado en la información del hombre, me compré dos de estos "rodoles". Para colmo de males tan solo hay mil "rodolitos" en cada uno de ellos.

Omega: ¿Y cuánto pagaste por el "toca con-patos"?

Alfa: Creo que eso fue lo único bueno del asunto, pues tan solo pagué once mil "creditúis" y eso incluyó el "muytal" y el seguro de los "rigonetos".

Omega: ¿Pero de qué te quejas entonces hombre?

(Sale de la derecha del escenario un hombre en traje de trabajador de restaurante de comida rápida: lleva gorra, camisa oscura de rayas y delantal marrón y en sus manos una caja de pollo frito, caminando lentamente como si fuera un robot).

Alfa: Me quejo porque me mantengo yendo y viniendo, firmando "docunosos" con el mensajero y fuera de eso, voy como dos veces en la semana al centro, comprando y cambiando cosas. Mínimo, una vez a la semana tengo que bajar y comprar una "enchupa" nueva para el televisor pues como tú sabes, se mantienen cambiando las ondas de transmisión de los programas que más me gustan y tan solo se pueden observar con la enchupa hecha especialmente para esa clase de ondas. Lo mismo ocurrió con el "refrigeratín" de color rojo, fíjese "O" con...

(Se oscurece el escenario y se ilumina únicamente el vendedor o vendedora de pollo. Alfa y Omega se convierten en estatuas cada vez que un vendedor comienza a hablar o las luces blancas lo iluminan).

Vendedor de Pollo: (En tono alegre). ¡Qué buena es la vida! con asados "El Pollo Mocho". Vendemos nuestro pollo sin manitas, pero aun así es tan delicioso como para lamerse los dedos. Cómprelo hoy mismo y reciba dos bolsas de papitas francesas absolutamente gratis y si compra una bebida con su pollo mocho, el hielo también le sale gratis. Asados "El Pollo Mocho", ¡cómo para lamerse los dedos mochos!

(Se ilumina nuevamente el escenario, Alfa continúa inmediatamente su diálogo y el vendedor de pollo frito, hace mutis por el lado izquierdo del escenario con una monotonía de robot).

Alfa: ...Contarte que lo compré dos días después de haber recibido la carta esa que me informaba de la futura muerte de la vieja...

(Omega se retira de la computadora y Alfa inmediatamente se sienta y comienza a hundir teclas).

Omega: ¿Y que pasó con tu mamá?

Alfa: Luego, luego (mira a Omega con desconfianza). Y ayer, nada menos, lo tuve que reemplazar por uno blanco, pues según la compañía de electricidad, el "voltunaje" nuevo para las tomas corrientes de los refrigeratines de color rojo, no va a trabajar más en ellos, así que (señalando al refrigerador), tuve que conseguirme el blanco.

(Del lado derecho del escenario sale otro vendedor de comida rápida, ligera o "Fast Food" con una bolsa en la mano y una cara seria como de militar. Los vendedores no existen en el mundo de Omega o Alfa todavía).

Omega: Bueno, alejándonos de los "electrodomesticados", ¿qué hay de tu computadora? la: CMPNRZXC55... esta, ¡la nueva que compraste!

(Se oscurece el escenario y sólo se ilumina al vendedor con una luz azul. Alfa y Omega quedan paralizados).

Vendedor de Frititos: (Con una sonrisa amplia y alegre). Consuma "Asados Frititos", los asados que le dejan diciendo: dame más, ¡qué sabe rico!

(Termina con la misma sonrisa e inmediatamente se ilumina el escenario y Alfa reanuda la conversación, mientras que el vendedor de frititos hace mutis por el lado derecho del escenario).

Alfa: De esta computadora, ni hablar. Esto es tremendo enredo, Omega. Todos los días paso tres horas frente a ella, estudiando nuevos programas y manteniéndome al día en las últimas que vienen y se van en la "interneta". Información que se debe de absorber inmediatamente, pues en uno o dos días saldrán con algo más avanzado y hay que tener las bases para entender las cosas nuevas que salen.

(Entra una pareja de vendedores abriendo la puerta de la casa como si hubieran sido invitados. Ambos vestidos como si vinieran de la playa, cada uno con un paquete de seis refrescos en la mano).

Omega: ¿Pero qué hay de pachuco con eso? ¿No crees tú que todo esto es para nuestro propio beneficio? Para aprender y estar tecnológicamente "binario-educados"

Alfa: ¡Sí, claro que sí hombre, claro que sí! La tecnología tiene sus cosas buenas y sus cosas malas. Cosas buenas como las que tú dices, nos mantienen informados de las últimas y nos ayudan inmensamente ha estar en contacto con el resto del mundo *at the click of a button*, pero como ejemplo de las cosas malas tenemos lo que nos pasó hoy. ¿Te imaginas Omega? (deja de funcionar con la computadora, se pone de pie e inmediatamente Omega se apodera del teclado) hoy llamé a Cosmos y resulta que no me pude comunicar con ella... (Pausa, se rasca la cabeza).

Omega: ¿Qué pasa con tu mujer?

Alfa: Mejor déjame que te explique desde el principio. Resulta que ella hizo instalar el nuevo teléfono, Ti-eL-eN-Ci, 11-102. Ese que tiene las imágenes digitales y se puede ver a la otra persona en 3.214-Di. Bien, pues para poderme comunicar con ella, me tuve que comprar otro de esos teléfonos, para así estar ambos en el programa de transmisión 4451xc de las líneas "telecotecas". Fue ayer mismo cuando cambiamos los teléfonos e hicimos instalar los nuevos modelos. Hoy la llamé, después de no recibir respuesta alguna, decidí indagar por mi propia cuenta de sus andares.

Omega: ¡Ah! ¡La imagen de Cosmos!

Alfa: Pues bien, terminé descubriendo que su nombre está en la lista de perdidos telecotecales, esa que publican todos los días en el ONLINE bs1242. Luego, a través de la "computsonora" de información, me di cuenta de que su imagen se encontraba extraviada en las líneas de los teléfonos y según los "teclocos" de la compañía telecotecal a la cual estamos inscritos, ya habían enviado un grupo de telenécticos a buscarla...

(Se ha oscurecido el escenario con la excepción de la pareja de vendedores que son iluminados por una luz roja).

Vendedor de Refresco #1: (Con rostro alegre) "Refrescos Unesco", el mejor refresco, ahora en diferentes sabores.

Vendedor de Refresco #2: Naranja, mora y uva. ¡Cómprelo ahora mismo! No espere hasta mañana para saborear estos nuevos y deliciosos sabores.

Vendedor de Refresco #1: Producidos con materias primas de nuestro planeta.

Vendedores de Refrescos: Refrescos Unesco, ¡el mejor refresco!

(La luz sobre la pareja de vendedores se apaga e inmediatamente se ilumina el escenario. La pareja hace mutis por la misma puerta que acaban de entrar. Aparecen dos vendedores de autos, uno por el lado izquierdo del escenario y el otro por la derecha. Ambos están vestidos con corbatas rojas, pantalones blancos y camisa azul. En sus manos llevan pequeños modelos de autos plásticos y susurran entre sí. Alfa continúa su diálogo).

Alfa: ...Así pues que aquí estoy sin mujer (comienza a acariciar una de las computadoras), sin mi "microcostilla", y quién sabe la lavada de cerebro que le van a pegar a su imagen en la compañía telecotecal, para que así no revele los secretos de sus programas internetos de las líneas de comunicación. Posiblemente la van a programar nuevamente. Ojalá que eso no ocurra, pues yo tan solo la quiero así como es y sin tantas tarugadas en su cabeza.

Omega: No te preocupes por ella Alfa, ellos saben lo que hacen en la compañía. Ya vas a ver que te la devuelven mejor de lo que estaba cuando la perdiste.

Alfa: (Comienza a acariciar la computadora con ambas manos, como si estuviera abrazándola). No, Omega, yo no la quiero así, yo la quiero de la forma que era, lenta y descomplicada, sin tantas manías, sin tantas computadas y laberintos "awindados" en su cabeza (comienza a retirarse de la computadora). Yo la quiero...

(Se oscurece el escenario y ambos vendedores de carros se dan la mano como si hubieran llegado a un acuerdo).

Vendedor de Autos #1: (Dice casi cantando) ¡Automóviles "Gasomas"! Examinados rigurosamente por los expertos de Sur América y...

Vendedor de Autos #2: ¡Han recibido un grado de Prn4445 en el reporte Internético de la segunda semana de abril! Se lo ofrecemos a usted, señor consumidor y...

Vendedor de Autos #1: Le garantizamos tres meses o mil millas de servicios útiles. También, por supuesto, el seguro de contra-choque a contra-choque por las cifras mencionadas anteriormente.

Vendedor de Autos #2: Venga, manéjelo y compárelo.

Ambos Vendedores: (En coro) Automóviles Gasomas, los que más gas le dan por su dinero.

(Las luces se opacan sobre los vendedores y se ilumina el escenario, ambos vendedores, hacen mutis por la puerta de la sala e inmediatamente entra una mujer vestida con traje tropical y se para al lado de Alfa Y Omega. Mira a ambos en el rostro, mientras que ellos continúan su conversación como si ella no existiera).

Alfa: ...(Con tono romántico) Así no más, sencillita y conservadora, así es como la quiero.

Omega: Bueno, lo único que te puedo decir es que tengas buena suerte en esos asuntos y que puedas encontrar a tu mujer sin muchas alteraciones "windales". Ahora cuéntame, ¿qué ocurrió con K11? No le oí ladrar cuando registré mi tarjeta de "idi" en el censor de información de la...

(Interrumpe la conversación y esta vez las luces no se apagan. Alfa y Omega se congelan en su lugar, ambos conservan sus gestos y posiciones).

Vendedora de Viajes Tropicales: (Con voz sensual) ¡Qué linda es la vida! ¡Qué bello es el paraíso de las islas Caribe, con su aire limpio y el cielo azul! ¡Sus aguas cristalinas y su brisa refrescante! (Convidando a la audiencia). Venga y visítenos en aerolíneas "Ave Sin Rostro". Le garantizamos un viaje al paraíso inolvidable. Después de volar con nosotros, se dará cuenta de que existen los ángeles, y que ellos se encuentran en nuestros aires. (Abriendo ambas manos como para volar). Aerolíneas "Ave Sin Rostro". (Baja las manos y el mentón cae sobre su pecho como si se hubieran quedado sin energía. Inmediatamente Omega comienza a hablar).

Omega: ...Puerta de entrada.

(La vendedora de viajes levanta su cabeza, se retira por la puerta que entró. Al abrir la puerta, sale un vendedor de música con una chaqueta brillante, sin camisa, una banda en la cabeza y una corbata que no combina con nada de lo que lleva puesto. Al entrar va y mira las computadoras, hunde una o dos teclas, sonríe y camina hacia el frente de la sala en donde se encuentran Alfa y Omega).

Alfa: El pobre K11 necesitaba una cargadita de "rigones". Hacía ya como dos años que no se los cargaba y claro, ya era hora. Por eso fue...

(Las luces no se apagan, pero nuevamente Alfa y Omega se congelan en su lugar).

Vendedor de Música: (Con un compact disc en la mano). ¿Música gratis? ¿Cómo es eso? ¿En dónde? Aquí, sí señores, en "Discos Estafasonora". Tenemos la venta especial de mediados de semana, (con majestuosidad) ¡el miércoles! Compre un "con-patos" por más de doce mil "creditúis" y reciba el segundo completamente gratis con la compra de un afiche del grupo Micro000001. No olvide y aproveche esta oferta de mediados de semana (comienza a retirarse pero se vuelve y agrega). Acuérdese, ¡sólo hay un solo miércoles por semana!

(Se da media vuelta y se va a la computadora. Hunde dos o tres teclas más y hace mutis por la puerta que entró. Otro vendedor entra con un bate de béisbol en la mano y una caja de cereales, se dirige a la computadora y hunde algunas teclas y luego se para al lado de Alfa y Omega).

Alfa: ...Que no ladró cuando registraste tu código en la puerta.

Omega: Ya veo, ya veo. Bueno, ¿y qué se sabe de tu madre? ¿Se murió la vieja de verdad? o eran sólo...

Vendedor de Cereales: (Arreglándose la gorra de beisbolista). Yo quiero ser como Carlos Rico, el mejor pelotero del mundo. Por eso yo como "Cereales Inmundos", el cereal que le dio la vuelta al mundo.

Omega: ... ¿Rumores?

(El vendedor de cereales pone la caja de cereales sobre la mesa del comedor y se marcha por la puerta que había entrado y entra el vendedor de zapatos. Omega toma la caja de cereales, la abre y saca un puñado de cereales y comienza a comer).

Alfa: No, esos eran cuentos al principio. Eso, empezó como un enredo en la agencia de los impuestos. Ellos decidieron que ya era hora o por informaciones erróneas creyeron que la vieja se había muerto, entonces...

Vendedor de Zapatos: (Con un par de zapatos nuevos en la mano, Alfa y Omega continúan comiendo cereal. Esta vez ellos no se congelan en sus lugares pero se quedan callados comiendo cereal). Los "Zapatos Patada", sí saben como dar duro. Profesionales deportistas usan estos zapatos pues les ayudan a obtener los altos marcadores que los hace únicos. Cómprelos hoy mismo, pues nadie sabe qué va a pasar mañana. "Zapatos Patada", los que sí dan duro.

(Va y saca un puñado de cereales de la caja, pone el par de zapatos en la mesa, Omega los levanta y comienza a mirarlos mientras Alfa continúa su conversación. Luego el vendedor de zapatos va a la computadora y juega con las teclas, después de hundir cinco o seis teclas se retira del cuarto e inmediatamente entra el Ministro de Salud, empujado en una silla de ruedas por su secretaria).

Alfa: ...Borraron el archivote de la vieja. (Sonríe como si lo que va a contar tiene algo de gracioso) Eso produjo una avalancha de información en los medios de comunicación gubernamentales que terminó en el entierro forzado de la pobre. Finalmente me mandaron un mensaje en la línea Internetal informándome de su entierro que iba a tomar lugar a las dos de la tarde de ese mismo día. (Cambia el tono de burla al de enojo) También en el mismo mensaje me cobraban quince mil creditúis de impuesto que ella les debía. Al parecer, ella no tenía suficientes creditúis en su cuenta de ahorros para cubrir sus propios gastos funerarios. (Alfa y Omega, cada uno toma un zapato y lo observan con detenimiento).

Ministro de Salud: (Haciendo ademanes con la mano) ¡Camine! Haga ejercicio. Comience una dieta de alimentos saludables y finalmente no pase más de tres horas diarias sentado frente a su computadora (Alfa mueve la cabeza, asintiendo a lo que dice el Ministro). Hola, mi nombre es Pedro Sistema.

Alfa: Yo soy Alfa y este es mi amigo Omega. (Omega no mira al Ministro de Salud; en lugar de mirarlo a él, mira los zapatos).

Ministro de Salud: Y yo soy el nuevo Ministro de Salud de la República. Esos fueron algunos de mis consejos para que puedan vivir una vida sana y saludable.

Voz Profunda: (Alfa mira alrededor de la sala buscando el lugar de donde proviene la voz. Omega sigue mirando el zapato). Para obtener más información referente al asunto del cual el Ministro de Salud acaba de hablar, por favor llamen al 18000-3000 5555... (Se retira el Ministro de Salud por la puerta de la sala).

Omega: Sabes que lo mismo...

Voz Celestial: Vote por Pepe Beniquesmentira. (Alfa va al frente del escenario y mira al público, regresa tratando de buscar el origen o el lugar de donde proviene la voz celestial). Usted necesita una mano fuerte que castigue a los pirateristas telefónicos; alguien del pueblo que comprenda los abusos y períodos de demoras en las líneas Internetales; alguien que combata los altos impuestos en los materiales de computadoras; alguien que sepa lo que es pagar creditúis por rodoles que se rayan. Vote por alguien que sabe qué es pagar creditúis altos por rigonetos que se descargan después de dos años de uso (Alfa comienza a mover la cabeza en señal de aprobación con lo que dice la voz), por alguien que pasa más de diez horas diarias en la Interneta. Vote por Pepe Beniquesmentira, este viernes. Él es del pueblo y para el pueblo. (En un tono bajo) use la línea "voto@ popular.mentira.com"

(Entra el vendedor de interiores, de blue jeans, el de cerveza, el de cuentas de ahorros y todos aquellos vendedores que se quieran presentar. Los vendedores salen y comienzan a poner y a quitar carteles en las paredes de la sala, otros se sientan en el sofá otros en el comedor. Alfa y Omega los miran, levantan los hombros y continúan su conversación).

Omega: Sabes que lo mismo le pasó a mi prima Beta. Pobrecita, sólo tenía quince años cuando el gobierno cometió el error. Pero qué se va hacer, así son las...

Vendedora de Interiores: (Con un par de interiores en su mano). Interiores "El Primer Pecado", sensuales, provocadores y además desechables. Cómprelos hoy mismo y sienta su suavidad. No peque hoy por no comprarlos (Omega toma los interiores y siente su suavidad).

Vendedora de Blue Jeans: (Se mete las manos a los bolsillos) use "Blue Jeans Arruga", hechos de materiales 100% biodegradables. Blue Jeans Arruga, los que no revelan su edad (Alfa mira el ceñido y toca el material de los blue jeans).

Vendedor de Cerveza: (Después de saborear la cerveza que lleva en sus manos). "Cerveza Orimpabajo", la que toman los hombres machos y chingones. Tan solo un cabrón de verdad puede beberla. Olvídese de sus penas... (Comienza a cerrarse la cortina. Inmediatamente, comienza a hablar el vendedor de cuentas de ahorro mientras que los otros vendedores tratan de mostrar o decir algo en favor de su producto) "Caja de Ahorros Simplata", la caja de ahorros que............ (Se cierra el telón).

FIN

Le cambié el nombre a Dios

Los nombres tienen fuerza, tienen poder, tienen significado y hasta moldean la personalidad de aquellos que los llevan. Por ejemplo, al decir o escuchar el nombre de Marco me viene a la mente la figura de alguien fuerte, estable, persistente, honesto, etc. El nombre Iván, me trae imágenes de guerrero, hombre nórdico, leal, etc.

Hace tres meses que dejé de llamar a Dios "Federico" cada vez que quería hablar con Él. ¿Por qué Federico? porque Federico sonaba más amigable, más honrado y menos universal.

FEDERICO es un nombre compuesto de federal y rico. Federal en el sentido de independencia, libertad, facultad de escoger, elegir, autodeterminación, etc. Rico en lo opulento, fecundo, valioso, bacán pero en el sentido espiritual, etc. Escúchelo y repita en voz alta FE-DE-RI-CO, FEDERICO, Federico, Federico. Suena armonioso, cordial, amistoso, invita a la conversación. Tiene chispa y personalidad.

La idea de llamar a Dios Federico la traía en la cabeza desde hacía tiempo. La primera vez que me vino la idea esa a la cabeza fue cuando tenía doce años y era monaguillo en la iglesia de Nuestra Señora de Fátima. Fue en uno de esos sermones de hora y media que me puse a pensar mientras el buen curita... ¿cómo era que se llamaba? Lozano... Javier Lozano era su nombre y le decíamos el *Curita Tomate*. La cuestión era que cuando el *Curita Tomate* se puso a regañar con el sermón a sus feligreses un domingo de Resurrección, yo pasé el tiempo pensando en bobadas y en medio de tantas me vino a la cabeza la cuestión esa de cambiarle el nombre a Dios.

Pasó el tiempo y no volví a pensar en el tema del nombre, hasta hace cinco años en la ceremonia de jubilación de mi tía Inés y desde entonces la cosa se estuvo fermentando en mi conciencia de cristiano. Mi tía se jubilaba de Monja después de cincuenta años de servicio a su hermandad. Fue allí, en medio del rito de la eucaristía, de los cantos e himnos, incienso, agua bendita y de la rigidez de aquel acto religioso, que me volvió a la cabeza la idea de cambiarle el nombre a Dios. Fue allí, en la iglesia de Belén en medio de óleos, de santos apóstoles y la mirada penetrante del rostro sagrado de Jesús crucificado, en el altar de aquel templo, que me vino a la cabeza por segunda vez la idea de llamar a Dios con un nombre propio, más humano, más cotidiano, más informal.

Dios se escribe con mayúscula porque según dicen, ese es su nombre. Los nombres personales se capitalizan, no todo el nombre, sino la primera letra. El Dios creado por el hombre es un Dios, el cual, por medio de la palabra, de lo dicho, hizo emerger todo, le dio origen a la existencia, lo creó todo.

Dios es un nombre universal que se encuentra en todas las culturas del mundo. Inicialmente, el nombre de Dios fue creado por el hombre para explicar aquellos fenómenos a los que no le encontraba explicación. Dios nació de una necesidad humana y por lo tanto la palabra Dios fue una invención nuestra.

El mismo hombre empezó a buscarle explicación a los fenómenos naturales e incomprensibles, como el trueno, la lluvia, el viento, el fuego, las olas del mar, los volcanes, los terremotos, las sequías, etc. Éstas, mezcladas con esa capacidad intelectual de la imaginación aliada a la fantasía, lo llevan a formar decenas de seres de poderes sobrenaturales (Zeus, Osiris, Hunahpú, Ixbalanqué, Marduk, Anubis, Ishtar, etc.), haciendo del hombre, del ser humano, un ser insignificante. El hombre le dio nombres propios a esas fuerzas invisibles y sobrenaturales, los llamó Dioses y por medio de la imaginación los puso en un lugar lejano, inaccesible donde ningún mortal podría llegar para verificar o negar su existencia. Así es como nació la mitología.

No pudo haber sido Dios o el creador el que impuso su nombre sobre los hombres. No fue Él el que dijo: "La palabra que usamos aquí en el cielo para llamar al ser que creó todo lo visible y lo invisible es Dios, así bien pues que de ahora en adelante, es el nombre que tienen que usar para comunicarse conmigo. Si no me llama Dios, no les voy a responder pues ese es el único nombre al que yo respondo". El hombre designó el nombre "Dios" para aquel ser superior y para explicar fenómenos inexplicables atribuidos a un ser que no se podía identificar. Para mí, el nombre "Dios" es más bien como el título que se le da a algo o a alguien, a una fuerza celestial, espiritual de poderes incalculables.

Por lo tanto, creía y era mi opinión personal, que Dios también debería tener su nombre propio. Eso de llamar y de conocer a una persona tan sólo por su título, no convida a la conversación, al diálogo, a la comunicación a la amistad. Conlleva más bien al respeto, al miedo, a la obligación, no a la voluntad y libertad.

Vea usted, Jesús, el hijo del creador, tuvo su nombre e incluso su apellido y me imagino que también sus apodos. Eso de llamar a Dios así a las secas, sin apellido o nada es como llamarlo Presidente, Señor, Rey, Conde,... Por supuesto, Dios no se puede comparar con ninguno de esos señores. Todos ellos funcionan y se desenvuelven en un nivel terrestre, mundano y material. Dios es sujeto, es nombre, es nada, es infinidad, es espacio y vacío, es sabiduría, es la verdad, es el bien, es todo.

El hombre le dio a Dios diferentes nombre a través del Viejo Testamento. Dios se les presentó gradualmente a los Israelitas con nuevos nombres para sí mismo y los dirigió a que lo alabaran, lo adoraran y obedecieran en todo lo que hacían. Estos nombres que recibió le fueron otorgados al creador pues simbolizaban diferentes aspectos de su carácter. ¿Y qué mejor nombre que Federico para ir a la par y para reflejar el nuevo siglo y los cambios teológicos de la actualidad?

Yo me le puedo acercar a Dios tanto como quiera, pues tengo la libertad de adorarlo, de alabarlo y de estar en comunión con Él. Todos estamos invitados a ser miembros de su familia, de su rebaño, pero tenemos que buscarlo, iniciar el diálogo, la comunicación. Sólo puedo alcanzar al Padre por medio del hijo, Jesús. Sólo puedo llegar a Dios por medio de sus enseñanzas, de los mensajes, de los diálogos y de una vida encomendada totalmente al servicio de Jesús-Dios. Entonces, si yo gozo de esa libertad y la cual ejerzo, ¿por qué no puedo gozar de la libertad de llamarlo de la forma que yo quiera para así mejorar esa amistad con Dios-Federico?

Para acercarme más a Él, en mis conversaciones mañaneras y nocturnas y para sentirme un poco más cómodo explicándole mis problemas y preguntando o pidiendo favores creo que el nombre Federico suena más amigable, más cómodo, más humano y menos celestial e incita más al diálogo.

En uno de mis rezos, como ejemplo, decía en la introducción: ¿Qué más Federico? ¿Si ve? eso suena mejor que empezar diciendo "Señor mío y Dios mío". No sé, para mí eso suena un poco medieval, arcaico y hasta esclavizante. Suena premeditado, seco y frío, rutinario, sin emoción. No suena como si yo tuviera tanta libertad. Me siento restringido y sin la libertad de pensamiento, de expresión y de voluntad.

Seguía mi charla con ¿qué hay de nuevo Federico? como si fuéramos amigazos de los amigazos, lo cual somos pues Él sabe todo lo que pasa por mi cabeza, el sabe todo lo que pasa por mi mente, todo lo bueno y lo malo que hago, y como un buen amigo lo acepta y lo perdona. Continuaba con ¿cómo le ha estado yendo desde la última vez que conversamos? (porque conversamos todos los días, a veces lo hago mas de veinte veces pues todo lo que hago lo hago para glorificarlo).

Luego le hacía unas cuantas preguntitas para incitarlo a hablar y claro con esas preguntitas hay que tirar por lo grande pues Él es un poderoso y creo que la pregunta ¿cómo van esos negocios de los universos? me hace sonar un poco conocedor de temas universales (pero Él sabe que mis conocimientos son limitados). Luego le agregaba un poco de los problemas de los huecos negros y ¿cómo piensa resolver los problemas con esas llamadas estrellitas negras?

Enfocaba su atención a los problemas terrenales con la siguiente pregunta ¿a cuál de tantos humanos vas a iluminar para que resuelva el problema del calentamiento de este planeta? Ya que lo tengo en lo terráqueo, seguía con unas cuantas preguntitas personales, ¿y Jesús? ¿Cómo está? Ese muchacho tiene que ser todo un profesional, un verdadero catedrático con títulos y honores inter-espaciales. Él era muy inteligente cuando era joven, a esta hora ya me imagino que estará casado y con tremenda prole administrándole ese reino tan grande que tiene. Después de encarretar al hombre en lo del hijo y nietos y familia y una cosa y la otra, pun, ahí mismo le caía con lo personal, lo mío (por lo de la amistad, el sabe todo lo bueno y lo malo de mi vida, pero le da placer oírlo de parte mía). Oiga Federico, de ayer a hoy me han pasado unas cosas increíbles,...

Así era la cosa, así era la amistad que quería mantener y mejorar con Dios, es decir Federico. Creo que a Dios no le importaría que yo le cambie el nombre, pues lo que a Él le interesa es la amistad, el amor y la relación que existe entre nosotros.

Mire, yo no soy nadie especial, trabajo para mantener a mi familia (dos niñas y un baroncito) y a mi esposa Lola. Mis tendencias religiosas no son nada singulares ni extraordinarias. Voy a la misa los domingos y leo la Biblia con frecuencia, amo a Dios y al prójimo de acuerdo a las escrituras. Sigo y obedezco los mandamientos. Fui bautizado católico y criado en un hogar cristiano. Madera no me faltó y mucho menos mi buena dosis de cuentas que debería de pagar después de mi muerte, en el infierno. Peleaba con todos como si fuera un boxeador profesional. He tenido mis encuentros legales con la ley, usted sabe como es eso.

Se llega a cierto punto en la vida que no sé qué es lo que pasa con el hombre, ocurren cambios y transformaciones. Para mí, deben ser los años, la madurez, la familia, los deberes y las obligaciones, las que traen cordura y terminan aplacando al hombre. Esas experiencias lo vuelven a uno más hogareño e espiritual, más contemplativo de la vida y a veces del más allá. Los años, creo yo, obligan al hombre a pensar más a fondo sobre el significado de la vida. Los años y sus golpes, lo hacen a uno más sabio, más juicioso, más calmado y menos egoísta. Los años, la edad, la madurez también ayudan a analizar mejor, a comprender muchas cosas que no podíamos contemplar cuando éramos jóvenes debido a nuestro afán de sentirnos vivos y de crecer.

Parte de esa contemplación con el más allá fue la que me llevó a pensar en la idea de cambiarle el nombre a Dios.

Yo le conté a mi tía Inés, la monja, mis planes de llamar a Dios, Federico, ella me dijo —Octavio, Octavio— en un tono tirando a regaño y con muecas de decepción, —no se ponga con esas cosas mijo. El nombre de Dios es cuestión de fe, ley cristiana y de buena moral. ¿Quién es usted para ponerse a bautizar a Dios, el creador con nombres diferentes al otorgado por tantos años de doctrina? Fueron muchos los que murieron defendiendo ese nombre y lo que significa— Yo le expuse mi argumento, que desde mi punto de vista tiene fuerza, validez y es bastante sólido.

Después de una charla larga, Inés terminó añadiendo que lo que estaba ocurriendo conmigo era que estaba pasando por una etapa de aceptación y de madurez y que dentro de pronto veré la luz, que me aguante y me quede calladito por uno meses y verá como pasa todo. Que siga leyendo la Biblia y que ore mucho para que Dios me ilumine y me ayude en este momento de necesidad y vacilación espiritual, porque en su opinión, eso no es cosa de buen cristiano el de llamar a Dios Federico.

Después de hablar con ella, escuchar sus palabras y mirar ese rostro de santidad, no sé, me entró una inestabilidad, una inseguridad de... digamos miedo de cambiar las cosas, de ir en contra de la norma, de lo ya establecido. Es más, honestamente sentí miedo de ser condenado a las llamas eternas del infierno.

Yo no sé, ya llevo tres meses desde que tuve la conversación con mi tía y creo, pero con dudas, que mejor es seguir llamando a Dios, Dios, en vez de Federico. Dios suena más universal, más conocido, más histórico, más poderoso, supremo, eterno y omnisciente, tiene más fe y reputación, es más católico y por supuesto, cristiano.

El pecado de Yolanda

Ya no sé para cuando será o por qué todo lo perdí en un amanecer la...
fusilé y por eso es que estoy... Todo fue verdad.
Me cogieron en la noche huyendo a gatas con ella por los filos de
Sonsón.

Ojos verdes allá en lo alto. Parches grises, pardos y una banderita
tricolor.
"— ¿Y para dónde irán?
—Pues para el pueblo.
—Hay que atraparlos. Pa' dar ejemplo"
Una pisada deja huellas en el barro hundiéndose suavemente.
"Escuiqui" dice. Negras son.

Fierro frío, recto y mohido. Pequeña torre, se levanta para darle mejor a
la diana.

Mátame dulcemente con una mirada
aprieta suavemente el gatillo que la muerte te
seduce, te hace hombre, te vuelve cabrón.
Mi vida por la tuya fue lo que me ofrecieron.
"—Pero es tu amiga, tu amante, tu novia
— Lo sé, pero es la mía por la suya".

Una charla, una mirada, un roce de manos.
Te mató... el ojo y luego te envió un besito rojo
por los aires a los tuyos.
A veces los despide de la pista de sus digitales,
con un suave soplo, pero sólo para ti son.
Y dime si no es así, que una mirada entre jazmines,
que una caricia con olor a pólvora,
que un beso en la noche, durante guardia;

que una mirada en combate
inspira palpitares castigados por la muerte.

"—Si escapamos... lo haremos por los lados del páramo, el de Sonsón
—No sé, creo es mejor aguantar unos días hasta que se calme la cosa
—Sí Yolanda, por los filos del páramo, de Sonsón. Esta noche nos
volamos".
Y así lo hicimos y ahora ella muerta está.

Sin la Esperaza

No llore mi niña, no llore que la cosa va a cambiar

No llores mi niña, no llores que tu papá volverá.
Los colores de este mundo no son sólo rojos
Y no todas las manchas son negras.
Y ella me preguntó, "¿es éste no un mundo maravilloso?"
Y le respondí, "no sé ¿de dónde ni por qué?"
y pienso que sin ser, en este mundo
sé para no volver, lágrimas derramó
en esta soledad, sin esperanza de mejorar.

A quién, le suplico que la vayan a buscar
¡qué la paren! ¡que la traigan! la PAZ del ayer ya se va
que cojan su manchado manto que ya andamos
sin futuro y sin fe en Él, Dios que nos creo.
La mano amigo se niega a tomar la mía
Y yo me pregunto, "¿a donde irá a parar?"
Las rosas del jardín ya no son, el jardín ya no existe,
lo pisotearon las botas negras del Caquetá

Las nubes grises y opacadas
murmuran la llegada de los tatá-tatá.
Cierra la ventana, asegura esa aldaba que
hoy en la noche llegan los del Centauros y los Llaneros
a tomarse lo que la FARC dejó días atrás.
Las estrellas tan limpias allá arriba inmutables se ven.
Tantos años ya de lucha, tantos años de llorar.
y tantos otros de sangrar.

Yo ya dejé de ver la luz que tantos me prometieron.
yo ya me cansé de ver la sombra de la PAZ.

¿Cuándo? ¿Cuándo, esto irá a terminar?
¿A quién van a matar? ¿Cuántos resistirán?
Mis viejos huesos no, no la verán.

Dejamos de ver hacia el más allá.
Las sonrisas de los niños no son más.
Los blancos dientes se esconden detrás de labios retorcidos.
El fusil oculta su mirada de hombre ya dizque con tres a su cuenta.

No llores mi niña, no llores que su papá volverá.
Salió a hacer un mandado y en poco regresará.
Puede que se demore unos días pero volverá.
Así lo prometió Uribe, por la Nacional.

Juanito Carrito

–Camine, camine, Juanito.

Deme la mano. ¡Ay! a usted sí que le gusta andar despacio. Sí ve pues, por eso es que no quería traerlo. Ya sabía que me iba a retrasar. Debiéramos de estar allá a las dos y media y mire ya son pasaditas.

No, no vamos a llegar a tiempo. Yo lo sabía. No sé en verdad, ¿por qué te traje?

Mira Juanito, ven pa'ca. ¡Eee! ¿Pero es qué no se le puede soltar ni un minutito pues? Míreme muchachito, ¡Qué me mire pues! Es que en un segundito se me pierde entre todo este gentío y no te vuelvo a ver más.

¡Míreme, muchacho y páreme bolas! Le apuesto a que no escuchó una sola palabra de lo que dije.

Pero míreme cuando le estoy hablando. ¿Por qué mira pa' los lados? ¿Ah? Mire p'al frente para que no se choque con la gente y también mire de vez en cuando p'al suelo, así ve mejor dónde está pisando, porque hay gente muy cochina y todo lo tiran al suelo. Si le contara de las cosas que he visto en el suelo, mi'jito. En el suelo termina todo. El suelo, está lleno de porquerías y si se piensa bien, el suelo es el basurero de este mundo, incluso los mismitos humanos terminamos en él, pa' que se dé cuenta...

¡Qué día tan caliente! Este invierno sí que está raro. Por lo general en esta época no deja de llover, mejor dicho, no escampa. Vea estos climas, hace tres días que no llueve y cada uno de ellos con más calores.

¡Ay, Dios mío! Este mundo se está acabando y como dice la Biblia, el fin va a ser de pura candela. Venga, deme la mano y quédeseme pegadito.

Me acuerdo la primera vez que bajé al centro, estaba de lo más jovencita. Eso hace mucho tiempo mi'jito, creo que más de cuarenta años. Me acuerdo como si fuera ayer, cuando mi papá Gerardo me trajo.

Espere, un ratito mi'jito que me tengo que secar la frente. Es la verdad, está haciendo mucho calor.

¿Si ve, como tengo las manos llenas de sudor de tanto aguantar las suyas, para que no se me pierda? Por eso era que no lo quería traer.

Mire aquel payaso en la esquina. ¡Qué zapatos tan largos! Y esa melena tan rara con todos esos colores y esa nariz redondita y roja. ¡Qué risa! A mí no me ven en esas, ni muerta. Este mundo sí que está lleno de gente rara y cada vez que bajo al centro veo algo nuevo. También se está llenando de locos y cada día hay más. Menos mal que a los locos peligrosos los encierran porque de no ser así imagínese todas las cabezas que descalabrarían en un día de luna llena.

Mire, Juanito, recoja esa canequita de Coca-Cola. Démela aquí, ¿será de aluminio? Mírela bien, ¿sí? ¿Sí es? ¡Ah, bueno! Pongámosla entonces en esta bolsa y ahí se queda.

¡Deme la mano Juanito! ¡Deme la mano! No, no recoja eso mijo, eso es basura y está llena de microbios. No sea cochino mijo, no sea cochino. Usted si es una porquería de niño, siempre le da por recoger todo lo que está en el suelo.

¡Dios mío! Son más de las dos y media y todavía nos faltan más de diez cuadras para llegar. Mire mijo, arréglese la camisa, métala por dentro de los pantalones y arréglese el pelo. Qué muchacho pa' si se vuelve una melodía con tan solo caminar y respirar ¿Cómo se ira a poner cuando tenga que trabajar?

Vea pues, ya se me perdió el hilo de la conversación. ¿En quién íbamos? No, no me acuerdo, en fin, lo mejor será empezar desde el principio. Pues bien, hace ya como cincuenta años que mi papá Roberto, me trajo por primera vez a Medellín, me acuerdo como si fuera ayer.

Ese edificio blanco que se ve al frente, no existía. Esta calle tan ancha, bulloza y congestionada, no era más que una calle de barro rojo y en lugar de carros y buses, había carretas de madera jaladas por bueyes, ni siquiera había electricidad. Fíjese como está esto hoy, lleno de gente rara, pedigüeños y un montón de ladrones por todos lados.

Antes, cuando venía con mi papá Alcibíades, todo esto estaba lleno de mangas verdes y de potreros, eso hace más de sesenta años. Pero mire como lo han transformado todo. Primero llenaron los potreros de casas y edificios y luego le echaron carros, gente y crearon las necesidades.

También, me acuerdo del primer ascensor que pusieron en el Palacio Municipal, ¡en el viejo Palacio! Porque fíjese, que tienen uno nuevo y según oí, todavía se lo están pagando a los gringos. Esos gringos se adueñan de todo y en todo se meten, y son esos gringos, según oí, los que crean tantas necesidades sin necesidad. Crean algo y hay mismo le hacen cree a uno que sino lo compra no va a vivir bien o que todos lo van a ver como si fuera algo diferente, y claro la gente que es tan bruta se comen el cuento y de inmediato lo compran. Así es como empiezan a lavarle a uno el cerebro, con bobaditas, con bobaditas.

Juanito, recoja esa botella. ¿Está vacía? Sí, haber pues, pongámosla aquí que en botellas hay depósito.

Bueno, y volviendo a lo del palacio, de lo que más me acuerdo, era de ese ascensor. Es que para mi era una cosa muy rara, pues se metía uno en una piececita, cerraban la puerta y al ratito la abrían y uno ya se encuentra dizque en otro lugar. Mi papá Mateo y yo, nos pegábamos unas perdidas, pues lo que pasaba era que él se salía del ascensor en el primer lugar que se abrían las puertas y terminábamos subiendo o bajando por las escalas hasta que encontrábamos las oficinas donde se pleiteaban los títulos de las tierras. Creo que hubiera sido mejor no haber encontrado esas malditas oficinas, pues lo único que logramos fue que nos quitaran las dos cuadritas de tierra que teníamos por los lados de Arboleda y por eso terminamos quedándonos en Medellín. Trajimos los corotos en un bus, como si fueran muchos y nos fuimos a vivir con una prima de mi papá Gustavo en la Villatina.

Yo me crié en la calle. Me conocía a todos esos malevos de Guayaco y los jefes de las pandillas de Lovaina. Ellos eran bien de buenos conmigo y nos ayudaban un montón. Mire, Juanito ¿sí me está parando bolas? Usted lo que quiere es perderse en este gentío y hacer lo que usted quiera. No mijito, usted no puede hacer eso. Venga pa'cá. Arréglese el pelo que la doctora es gente muy decente y hay que darle una buena impresión. Haber pues que ya llegamos. ¿Listo pues? Espere yo toco en la puerta. Tun, tun, tun

–Jorge, Jorge, ya llegó la loca con la carretita a la que se mantiene llamando Juanito. Traiga los sobrados y tráigalos antes de que se vaya diciendo que no la atendieron en el consultorio. ¡Apúrate muchacho que se nos va!

Doña María Isabel Varsel de La Asunción Bolívar

Doña María Isabel Varsel de la Asunción Bolívar, la caracterizaba físicamente, aparte de sus largos brazos, la forma exagerada en la cual sus orejas se apartaban de su cabeza, como si fueran dos de esos abanicos orientales, pintados con dragones y desplegados vívidamente en un día caluroso de verano mientras refresca en su movimiento el sudado rostro de su usuario.

Era tal esta exageración física, que ni su largo y blanco cabello le era suficiente para ocultar esa anatomía caricaturesca.

Su esposo, don José Luís Varsel solía decir: "cuando mi esposa Isabel, fue parida, la india que atendió su parto, la jaló bruscamente al revés, dando como resultado la peculiaridad de las orejas". Pero esas eran invenciones del viejo Varsel, creadas en su imaginación y divulgadas abiertamente, sólo para reírse y hacer bromas de la desgracia física de su esposa.

Lo que sí se sabía, era que doña Isabel gozaba del aparato receptor de sonidos más extraño y sobrenatural del mundo, pues no sólo tenía el don de oír conversaciones que tomaban lugar a un kilómetro de distancia pero, y según su esposo, podía escuchar el ruido del zapateo producido por las hormigas y cuantos demás insectos o animales se cruzaran en sus radares humanos. También, en algunas ocasiones, y esto de acuerdo al viejo y refutado más tarde por la misma doña Isabel, podía escuchar los pensamientos del señor Varsel. Según el viejo, ella tan solo lo pudo lograr una sola vez y cuando eran jóvenes enamorados. Lo que el viejo Varsel no contaba, era que doña Isabel dejó de prestarle atención

55

a los poderes telepáticos de sus orejas de miedo de perderlas para siempre, pues el viejo la había amenazado de taparle los oídos con cera y algodón de continuar metiéndose en los pensares privados que tan solo le pertenecen a él y a su conciencia de cristiano.

De su nariz, se puede decir que este órgano era lo opuesto de sus orejas, pues a pesar de que era pequeña en comparaciones con los castillos españoles e italianos, carecía totalmente del sentido normal del olfato, pero doña Isabel desarrolló formas para saborear los aromas que su sentido del olfato no le permitía registrar.

Descubrió pues, que si abría la boca un poco y palpaba con la lengua el aire, luego tomaba un bocadito de este e inmediatamente empujaba la punta de la lengua contra los dientes, forzando al mismo tiempo la salida del aire por la nariz, podía determinar la calidad del olor o mejor dicho el sabor del aroma. La mayoría de las veces no se animaba a hacer esta clase de elaboradas marañas de miedo de ser descubierta haciendo los rostros y muecas que sólo eran naturales de los roedores, ya que era exactamente la clase de expresiones que su rostro duplicaba al tratar de olfatear un aroma desde los adentros de su boca.

Los años le habían asentado bien y para una dama de tan avanzada edad, aún gozaba de una piel suave y un cuerpo saludable. Claro estaba que su cuerpo saludable le daba de vez en cuando sus problemitas, como era el caso del juanete en su pie izquierdo, el cual durante los días de invierno y de lluvias torrenciales, le producía un dolor agudo, anticipando las lluvias por venir así como las nubes que se aproximaban en gallada, trayendo los fríos del páramo.

Ella, desde muy temprana edad había encontrado el remedio para este dolor carnal y el cual consistía en arropar el juanete en un trapo húmedo con gasolina y sal. Luego, ponía sobre el trapo una envoltura de papel periódico y finalmente, amarraba el envoltorio con un pedazo de cabuya para mantener los trapos y papeles en su lugar.

El remedio trabajaba cada vez que lo aplicaba, la única desventaja que tenía este mejunje era el que después de haberse quitado la envoltura de los trapos, papeles y olores petroquímicos de su pie izquierdo, éste tenía la tendencia de tomar pasos más largos y rápidos que su pié derecho. Su esposo decía muchas veces, en el acostumbrado son de burla, que su esposa debía de usar en su remedio para el juanete, la clase de gasolina que contuviese más plomo, en esa forma aumentaría el peso del pie y no andaría tan rápido.

Pero lo que él no sabía, era que su esposa se había estado

haciendo su remedio casero por los últimos diez inviernos, con la gasolina más barata que hubiera podido encontrar en la bomba del señor Chatarra.

Más tarde el remedio para este contratiempo lo encontró doña Isabel en el cuaderno arcaico de páginas descoloridas y hojas sin renglones que contenía los rayones y garabatos de lo que eran las recetas mágicas, secretas y misteriosas que su madre doña Hermilda, había escrito para recordarse de tanto remedio casero, pociones, oraciones y mejunjes heredados de sus antepasados.

El remedio indicado para los contratiempos de aceleración y combustión del pie izquierdo producido por la influencia de la mezcla de petroquímicos y sal, era la de fabricar un calcetín de plomo, ponérselo en el pié en el cual el acelerón estaba tomando lugar y rezar tres Padre Nuestros antes y después de acostarse.

Eso fue exactamente lo que doña Isabel hacía y se aliviaba en tres días de tales contratiempos.

Sabía que iba a morir

Oscuro y redondo.

Profundo, negro y frío era el túnel de su sueño.

Era esa, la oscuridad infinita de lo desconocido, rodeada de un frío penetrante que vagaba silbando en el laberinto de la muerte.

Así era su sueño.

Oscuridad lejana en el laberinto existente de lo que había sido la vida, así era el sueño que él tenía. Su cuerpo inmóvil se encuentra callado reposando en su cama de engaños. Respira inerte el tibio aire de la oscuridad como si no fuera suficiente para vivir. En relámpago sonoro abre sus ojos y de un golpe salta su cuerpo desnudo de su lecho eterno. Aspira el aire a su alrededor y lo chupa de un bocado como si acabara de salir de las entrañas marinas. El corazón repica como campanario. Continúa respirando con su boca de par en par.

Se lleva las manos a la cara, refriega el frío sudor de su frente y acaricia bruscamente la negra barba que cubre su pálido rostro.

Mira la hora en el reloj redondo que está colgado de la pared. Son las doce y una, en punto. Está confundido, no sabe si es medio día o media noche. Cierra sus ojos y deja caer como plomo su cuerpo sobre la cama y susurra cubriendo su rostro:
—Me voy a morir. —Y no dijo más.

Su leve alboroto fónico invadió los rincones del cuarto como piedra que se hunde en un charco cristalino. Se llenaron con la onda de su voz, los cajones de revistas y libros, e incluso el rincón que guarda callado la imagen de la Virgen de Guadalupe.

El mudo televisor sigue mostrando incesantemente las imágenes a blanco y negro que vienen y se van. Sin volumen, ésa era la forma en que él prefería mirar la tele. Sólo miraba las imágenes y con eso tenía para contentarse. El diálogo de los personajes lo proveía él, dentro de su cabeza. Había dejado de escucharlos cuando se dio cuenta que sólo ponían programas que ya había visto.

En esta hora de su existencia, se desplazan inadvertidas en la pantalla, las imágenes de Ricky Ricardo y Lucy Ball. Ambos parecían estar discutiendo como siempre lo hacen por causa de alguna travesura de Lucy.

Él no le presta atención a la comedia, otras cosas invaden su mente solitaria y su mundo de ermitaño.

Allí, él reposa inmóvil en su lecho, pensando en su corto viaje al más allá. Piensa en el sueño oscuro, profundo y frío. Piensa en su soledad y piensa callado y perplejo.

Trata de retratar las imágenes de su experiencia, alcanzando tan solo a ver el túnel negro de su sueño.

De repente, se da cuenta de la realidad de su existir.

"De no haber despertado en aquel preciso momento hubiera muerto. Mi alma estaría vagando en este instante en el laberinto oscuro e infinito del espacio". Murmura él. Cree que su sueño no fue un sueño, cree que fue la realidad de su futura vida en el más allá.

Su rostro cambia nuevamente al blanco y pálido color de antes, como si un frío sepulcral se hubiera apoderado de él. Quiere gritar pero no puede. Quiere salir corriendo de aquellas ocho paredes, pero su cuerpo se lo impide. Tendido en su lecho eterno y prisionero de si mismo, observa las blancas y negras imágenes del televisor que iluminan calladas su redondo cuarto. Callado las ve venir e irse en silencio.

Él ha visto su futuro oscuro, en vida.
— ¡No, no, no quiero morir! ¡No quiero morir!— Calla por un momento.

— ¡No, no quiero morir!—Después de casi dos horas de tristezas y realidades comienza a preguntarle a su Dios la razón de su futuro, del porqué de su visión y tortura. Hizo muchas preguntas, pero su Dios no le respondió.

Finalmente, comprendió que su muerte era inevitable. De repente, sin saber de dónde en su cabeza, llegó el recuerdo de la conversación que tuvo con su madre diez años atrás y en la que le decía:
—Mamá, yo voy a saber el día y la hora de mi muerte.
—Que vas vos a saber de esas cosas mijito, el único que sabe esas cosas es Diosito lindo y sólo Él sabe cuando te vas a morir. — Replicó su madre.

—No mamá, en serio. Yo voy a saber el día y la hora de mi muerte, palabrita. — Insistió. Pero en este momento oscuro, iluminado por la comedia de *I love Lucy*, él prefería no saber con anticipación el su fin.

La agonía de saber que el fin de su mundo tan solo estaba limitado a sus horas de desvelo, era demasiado para poder soportar esta visión como todo un hombre. Él pensaba que estos momentos de vida eran prestados, pues en lugar de morir siguió viviendo y siendo parte de este mundo de sombras, de las ocho paredes que forman su habitación.

Él, era parte del mundo de los fantasmas que siguen vivos después de haber ido al más allá e insisten en seguir viviendo en este mundo de sombras. Él debió de haber muerto el día cinco de mayo de acuerdo al calendario solar, que perdía su vida con el pasar de los años. Él debió de haber muero exactamente a las once y una en punto. Eso de acuerdo al reloj negro y redondo que callado gastaba el tiempo con sus agujas largas y blancas, dando vuelta tras vuelta, sin parar con su incesante tic, tac, tic, tac.

Al cabo de un rato le pasó por su cabeza la idea de robarle tiempo al tiempo y de seguir viviendo en este mundo como un arrimado. Su idea consistía en permanecer despierto lo suficiente para poder encargarse de unos cuantos asuntos importantes. Asuntos como el de escribir una carta con su último testamento, dar algunos detalles de su entierro y cosas de esa naturaleza. Él, reconoce que su muerte llegaría en el momento en que el sueño se apodere de su cuerpo para así no despertar jamás y emprender el viaje en aquel negro, solitario, redondo y frío túnel.

El primero de los asuntos que tenía para hacer, era rezarle y suplicarle a la imagen de la Virgen de Guadalupe para que intercediera

por él en el otro mundo. Se levanta lentamente de la cama pues el aire del
cuarto es espeso y lento. Camina parsimoniosamente hasta la imagen de
la Virgen, a la cual él le tiene su altar, en una de las esquinas del cuarto.
Allí se arrodilla y comienza a rezar. Primero llegaron los Padrenuestros,
luego el Yo Pecador y más tarde las Avemarías. Finalmente reza cuanta
oración se había aprendido de memoria en su vida de cristiano.

El tiempo de vida que le restaba a él en este mundo de fantasmas
moribundos, dependía del tiempo que pudiera mantenerse despierto.

El contratiempo que se le presentaba ahora, después de
reconocer su dilema con el tiempo, era el siguiente: la noche anterior tan
solo había dormido por unas cuantas horas, debido a que se había pasado
gran parte de la noche leyendo, y hoy, su oscuro sueño lo despertó
después de tan solo haber dormido por un ratito.

Después de haber rezado e implorado por su salvación, se para
de su posición de monje penitente y se dirige al escritorio de oscura
madera que sostenía tumultos de papeles y libros sin orden de ninguna
clase. Se sienta en la importada silla de cuero negro y enciende la
lámpara fluorescente del escritorio. Abre uno de los cajones y saca un
manojo de hojas blancas. De otro cajón saca una pluma y comienza a
escribir.

Querida madre:

*Primero que todo quiero decirte que te quiero y también lo muy
agradecido que estoy por tu amor y amistad todos estos años.*
*Sé muy bien que no te gustó nada la idea que tuve de venirme a
vivir al apartamento del difunto tío Pancho. También sé que no te gustó
la idea que tuve de no seguir mis estudios universitarios y de refugiarme
en estas ocho paredes, viviendo de la renta producida por la herencia
del viejo.*
*Sé que querías un doctor en la familia, para curar de
tus enfermedades y alergias, o al menos a un economista o a un
administrador de empresas para llevar las finanzas de los negocios
que el viejo nos dejó. Yo sé, que como el mayor de la familia, fui un
desengaño completo. Por eso te pido perdón.*
*Nuevamente, quiero que sepas que te quiero y que Dios te
bendiga por lo buena que fuiste conmigo.*
*A la hora que recibas esta carta, sabrás que he muerto y que lo
que fui son tan solo recuerdos ya en el pasado. Así es la vida. Tan solo
nacemos para morir y con la muerte se inicia otra jornada en el más
allá. Este mundo, ya no existe en mi futuro. Mi mundo, ya no brilla. Este,
mi mundo, dejó de iluminar por causa de un oscuro sueño.*

No sé si te acuerdas de tiempo atrás, hace como diez años o menos, cuando conversando una tarde, te dije que "yo iba a saber el día y la hora de mi muerte". ¿Te acuerdas? Pues bien, ese día ha llegado. No te quiero llamar y confesarte mi visión, pues creerás que estoy loco. Bueno, la verdad es que sí quiero, pero no puedo hacerlo. No sé, en realidad el por qué, pero me siento atrapado en estas paredes, y además de eso siento que mi destino es el de vivir aquí encerrado en el sueño de los tíos.

De mis arreglos funerarios, no sé que decirte, pues como tú sabes no soy un experto en esas cosas. Eso exactamente es uno de los últimos favores que te pido, que por favor hagas con mi cuerpo lo que tu creas sea conveniente, pues después de muerto no creo que la cama de madera importe mucho, pero eso sí, dame un buen entierro de cristiano y no te olvides de apuntarme a las misas cotidianas.

De mis propiedades y bienes, repártelos entre mis dos hermanitas. Los libros, todos ellos dónalos a la biblioteca pública, pues sólo Dios sabe cuánto necesita este pueblo de esas letras.

Y el último favorcito es el siguiente: si alguien pregunta por la causa de mi muerte, diles que morí de repente el día cinco de mayo, a las once y una en punto. Confío en tu prudencia al comunicarle a la familia la causa de mi muerte.

Bueno madre, me prometí escribirte una nota corta y como tu sabes fueron muchas las cosas que me prometí hacer en esta vida y al parecer, la última es la única que voy a cumplir.

Te recordaré en mi futuro.

Tu hijo, Camilo

P.D.: Quédate con la Biblia antigua que me quedó de herencia del tío Emiliano, para que reces por mí y no me olvides.

Así terminó él su testamento y carta de despedida. Dobla la misiva meticulosamente y la mete en un sobre blanco. En él escribe con tinta negra y letras gruesas: "para: Doña María Villa de Zapata" y la pega con cinta a la pantalla del televisor.

— ¿Y ahora qué?— se pregunta en silencio, —voy a afeitarme esta negra barba de tres meses. — Se marcha al baño parsimoniosamente aguantando su peso las paredes.

Media hora pasa en el baño. Se afeita la barba negra pero no se afeita su bigote. Ahora su pálido rostro luce rejuvenecido, no aparentaba sus veintisiete años. Por un momento se distrae mirando los rostros que aparecen y cambian en el televisor, mueve su cabeza de lado a lado y se decide a apagarlo.

Cuando regresó a la cama, observó el libro que había estado leyendo la noche anterior. Toma el libro con el deseo de saber el fin de la historia. Tan solo le faltaban diecinueve páginas para terminarlo y en su opinión, no sería justo el morir y nunca más saber el fin. Se sienta en la silla del escritorio y comienza a leer nuevamente.

Después de haber leído por treinta minutos se detuvo en la página ciento cinco. Sólo le faltaban once páginas y un párrafo para terminar. Cierra el libro, se levanta de la silla y comienza a mirar lentamente el cuarto. Mira las fotos en blanco y negro que guardan la imagen de su padre y la del tío Pancho, abrazados y sonrientes con el rifle en mano. Ambos cuelgan en silencio cerca del nochero. También observa las cajas de cartón llenas de libros. Mira los afiches pegados en la pared con propaganda de las corridas de toros. También mira el afiche negro y blanco con una estrellita roja en la boina del Che Guevara, el cual había comprado en la universidad. Continúa observando alrededor del cuarto, sus ojos vacilan por un momento tratando de detenerse en la pantalla del televisor pero no encontraron nada para ver. El televisor, ya estaba apagado.

Este era su mundo, este era el lugar donde encontró y descubrió lugares increíbles, el lugar donde supo de guerras y héroes, de ideas fantásticas y mundos del más allá, pero dentro de poco la oscuridad tomará control de su mundo, de sus ideas y de su mente. Todo esto dejará de existir para él.

No puede soportar la idea de la oscuridad total y se tiene que esforzar para no llorar. Se mueve parsimoniosamente hasta la cama, y suavemente se encoge en un zurullo y allí deja la gota fría empañar su rostro. Está demasiado apegado a este cuarto negro, que sólo encierra letras y recuerdos.

Ha transcurrido mucho tiempo desde que despertó, pero se niega a mirar el reloj. Él sólo sabe que ha sido una eternidad.

Después de un rato se vuelve a levantar y vuelve a tomar su libro interminable. Se sienta en el sillón de cuero y con la ayuda de la luz de la lámpara del escritorio, comienza a leer nuevamente. Devora las líneas una tras otra, pero al llegar a la última página tan solo lee una línea y cierra el libro para siempre.

Se pone de pie. Va al baño y se afeita el bigote. Él regresa al cuarto y busca, entre montones de trajes sueltos y arrugados, el traje

Smoking, el que había usado en el baile de inauguración presidencial.
Lentamente se acomoda en el traje, se ajusta el corbatín y se cepilla el
pelo. Regresa lentamente a la cama. Arregla y templa la felpa al estilo
militar y se dispone a recostarse.

Él se recuesta. Se toca su cara suave y joven, extraña su barba
negra y poblada. Comienza a mirar el techo del cuarto desde su cama.
Se concentra en los puntitos y rayitas que forman imágenes de duendes,
animales y caricaturas en el techo.

Poco a poco el sueño le va invadiendo como la neblina blanca
que lentamente se va apoderando de los picos de los páramos. Él hace lo
posible por no dejarse sorprender de la oscuridad. Él abre sus ojos negros
y los mantiene abiertos por unos momentos pero el más allá los termina
cerrando.

El sueño lo ha vencido.

Finalmente, a sus ojos los ha vencido el cansancio de la vida, de
sus pocos años. Ya no se abren. Sus sueños se pierden en un lugar oscuro
y redondo.

Oscuro y redondo. Profundo, negro y frío era el túnel de su
sueño. Oscuridad infinita que vaga sola en el laberinto de la muerte.

Su cuerpo inmóvil se encuentra reposando en su cama de
engaños. Respira el tibio aire del cuarto como si no fuera suficiente para
vivir. De repente, en un relámpago abre sus negros ojos y de un golpe
salta su cuerpo desnudo de su eterno lecho. Aspira el aire a su alrededor,
se toca el pecho, luego las manos se lleva a su pálida cara, refriega el
frío sudor y acaricia la negra barba que cubre su rostro. Mira la hora en
el reloj redondo, que colgando está en la pared. Son las doce y una en
punto. Cierra sus ojos y deja su cuerpo desnudo como plomo caer sobre
la cama, luego susurra cubriéndose con ambas manos su rostro:
—Me voy a morir— y no dijo más.

El televisor sigue mostrando las negras y blancas imágenes
de Ricky y Lucy Ball, Imágenes que iluminan calladas su vida y la
oscuridad del cuarto.

La limonada de la tía Beatriz

La tía preferida de todos era sin lugar a dudas la tía Beatriz. Tenía una bondad que iluminaba sus ojos. Sonreía constantemente y vivía en continua tranquilidad.

Una de tantas cosas que caracterizaban a la tía, era que en los diferentes días feriados del año siempre se hacía presente con regalos diferentes para los numerosos sobrinos de la familia. Todos éramos sus favoritos y ninguno se quedaba sin el regalo. Muchas fueron las veces que nos trajo dulces o chocolatinas o pasteles de arequipe o tirudos. Otras veces galletas o bocadillos para que "endulzáramos la vida".

Cuando tenía tiempo y como algo especial, hacía una torta de frutas que al fin y al cabo terminaba siendo comida por los menores ya que a ninguno de los mayores les gustaba la torta de frutas que hacía la tía. La torta era amarga y dulce a la vez. Vainilla, creo era el sabor favorito de nosotros en lugar del sabor de chocolate. Este último era el preferido de la tía. Las de vainilla y de chocolate las hacía con frecuencia y sin necesidad de celebraciones, pero la torta de frutas la hacía en pocas ocasiones y sólo para celebrar fechas especiales.

El fin del año escolar y el día en que recibíamos las calificaciones finales, corríamos a ver la tía para mostrarle las notas que habíamos sacado, ella nos daba algo de dinero como premio por ser tan buenos estudiantes. Todos recibíamos dinero en billetes nuevos y tostado y con olor a papel y tinta, incluso el sobrino o sobrina que tenía que habilitar o repetir una o dos clases recibía su billete de veinte o cincuenta pesos y siempre nuevos. Lo único que teníamos que hacer para ganarnos uno de esos billetes era ir a su casa y mostrarle las notas sin importar que fueran buenas o malas, eso era todo.

En las fiestas navideñas tampoco faltaba el regalo de la tía Beatriz. Cuando era niño recuerdo los juguetes que ella nos daba. Luego al cumplir siete u ocho años, vinieron las ropas y ya cuando estábamos un poco más creciditos comenzó a darnos dinero para que ahorráramos, para que nos compráramos "un avión cuando termináramos la carrera".

En lo que se trataba de celebraciones, el día de las Madres era sin lugar a dudas uno de los días más especiales, no solamente para las madres de la familia sino para los niños o jóvenes que vivíamos alrededor de la abuela Hermilda. La abuela había logrado sobrevivir más de ochenta años y cuando llegaba el día en que se reconocía oficialmente a la madre de los Pérez, al menos en nuestra familia, se hace con honor y orgullo. Además para la tía Beatriz esa era una buena excusa para reunir a todos y en especial a los sobrinos bajo un mismo techo. Parte de las celebraciones consistía en cocinar un sancocho de gallina y luego pasar la tarde en el cerro Nutibara con toda la familia tomando limonada, comiendo torta de frutas, galletas con pasas, frutas y jugando. Los mayores se sentaban a jugar cartas y a conversar y nosotros los menores jugábamos béisbol, la tiene, guerra o cualquier otro juego infantil.

Uno de los días de las Madres que recuerdo en particular fue el que se celebró cuando yo tenía trece años. El día anterior a esta gran celebración del Día de las Madres fuimos con Valentín el esposo de la tía, a la plaza de mercados de Belén y allí buscamos en las galerías dos gallinas o pollos para el sancocho que se deberían de preparar el Día de las Madre. Era casi un ritual, yo ya lo había repetido dos veces y no creí verle el fin. Yo había relevado a mi hermano Toño creyendo que era un honor el de ir a buscar y a escoger las gallinas, las futuras víctimas, pero después de tres años se convirtió en un castigo.

El ritual era simple, comenzaba con la espera de Valentín en frente de la casa de la abuela. Como no le gustaba entrar a la casa tocaba la bocina de su carro para dejarnos saber que había llegado y también para dejarle saber al vecindario entero que había venido a recoger a los mocosos sobrinos de su esposa. Una vez en el carro, el valentón no decía una sola palabra. Mi primo Ignacio (siempre acompañado de su pelota y guante de béisbol) y yo, no le hablábamos en todo el viaje pues según mi tía "no se le podía hablar o conversar mientras manejaba porque podía perder la concentración" y con la ficha que tenía de accidentes todos le creímos el cuento. Por eso guardábamos silencio por el periodo de diez minutos que era lo que duraba el viaje.

Al llegar al parqueadero de las galerías uno de nosotros se tenía que quedar cuidando el carro, por lo general era yo. Yo era más gordo que el primo, yo era tan peleador como el negrito Ñembó, yo comandaba la pandilla de los "Tusos" y también tenía el vocabulario de gamín que nunca desamparaba mi boca. Ignacio era más vivo y despierto y le gustaba platicar. Tenía una lengua más suelta y convencedora. Su papá siempre decía que iba a ser buen negociante, pues siempre que iba a comprar algo, hacía preguntas para informarse y cuando iba a comprar algo, regateaba el precio sin importarle si era mercado, tienda o almacén.

Ignacio siempre regateaba el precio de todo. Además de esto, que por lo cierto me exasperaba bastante, se mantenía apostando "¿le apuesto a que no es capaz de...?" Me exasperaba sus apuestas pues siempre caía en sus tretas y por lo general yo terminaba perdiendo. Mi hermano mayor, decía con frecuencia que el primo Ignacio tenía que tener sangre de comerciante. Eso en nuestra familia era algo que se tomaba como insulto ya que venían o habían descendido de agricultores y no de negociantes. El caso era que una vez en las galerías, era él el que se iba con el tío Valentín y yo era el que se quedaba cuidando el vejestorio de carro, mirando de un lado a otro. Cuidando de que no le fueran a robar las calcomanías, pues era lo único de valor que tenía la chatarra esa.

Cuando veía traer los pajarracos, me llenaba de alegría de saber que nos íbamos de regreso y tan solo nos faltaba diez minutos más de viaje. En la casa de la abuela estaría libre de hacer lo que quisiera y volver a los juegos de los cuales me habían apartado. Al aproximarnos a la casa de la abuela, me sentía como si yo hubiera sido el cazador de las aves y las traía para alimentar las boquitas que se morían de hambre. Estoy seguro de que así mismo se sentía el primo. Del tío no sé, ni nunca me preocupé por saber o traté de imaginar como se sentía. Él tan solo nos daba suficiente tiempo para saltar del carro con las dos gallinas en las manos antes de arrancar y envolvernos en el humo de su Land Rover. Vivía en un afán ¿Pero afán de qué? me preguntaba, si él no trabajaba ni ha trabajado desde que le conozco, posiblemente de llegar a casa y de leer el periódico antes de que las manos dañinas de algún sobrino le toquen las letras que le informan de las últimas en el mundo.

De todas formas, el día de las Madres se llenaba la casa de la abuela de bulla y algarabía temprano en la mañana. Lucre, la sirvienta se levantaba antes de las cinco a hacer el agua con panela, pelar papas, desgranar maíz, moler, batir, freír y muchas otras funciones típicas de cualquier día de la semana. Más tarde las tías Beatriz, Estela y mi tío Hernando, apodado el Mono, llegaban a ayudar con las gallinas.

El Mono venía antes de ir a misa de las diez y media para matar

las aves que habíamos comprado el día anterior en el patio de atrás. El
sacrificio de las gallinas era un gran evento y espectáculo para nosotros
los sobrinos. El tío pocas veces se quitaba el revólver y cuando venía a
matar las gallinas era una de esas pocas. Mirábamos como se lo sacaba
y se lo entregaba a mi mamá, luego cogía las gallinas con su manota
izquierda, la que tenía el anillo de la calavera. Primero las agarraba
de las patas sosteniendo al mismo tiempo con sus labios un cigarrillo
Pielroja (esos que vendían sin filtro) y medio cerraba un ojo para que no
le entrara el humo. Con la zapatilla de charol del pié derecho, le pisaba
la cabeza y de un tirón la despescuezaba. Era en esta parte del sacrificio
que se le salía la billetera del bolsillo de la camisa y cuanto papel allí
llevaba. También se despeinaba. Seguía sosteniendo la gallina o pollo
de las patas mientras le chorreaba la sangre del cuello y después de
desangrar el pollo por unos segundos se lo pasaba a la tía Estela, quien
se lo pasaba a Lucre que esperaba con el agua caliente y un balde para
desplumar y lavar el animal. El tío Hernando tomaba la billetera del
suelo y los papeles que se le salieron del bolsillo, los volvía a acomodar
en el bolsillo de la camisa y con los dedos de la mano se arreglaba el
cabello para repetir la misma operación en la segunda gallina. Era un
ritual casi que perfeccionado y memorizado por todos los sobrinos allí
presente, el tío mataba, la tía recibía, la sirvienta limpiaba y nosotros
mirábamos callados y sin estorbar.

A veces nos dejaban ayudar a desplumar la gallina, pero por
lo general tan solo veíamos a los mayores hacer sus cosas desde lejitos.
Nosotros debíamos de prepararnos para ir a la iglesia y escuchar la
"Santa Misa".

Íbamos a la misa de los niños todos los domingos a las diez y
media de la mañana. La misa a la que mis hermanos mayores asistían era
a las siete de la noche, los sábados. Esa era la misa de los jóvenes. En la
misa de los jóvenes cantaban mucho. Yo tenía tres primas que cantaban
en el coro y tenían una voz muy bonita y ellas también lo eran, al menos
eso era lo que yo creía aquel entonces, pues la verdad es que no las he
visto u oído cantar desde que se mudaron para los Laureles. Eso hace ya
muchos años. En las fiestas patronales que hacían en la parroquia todos
los años, alguna de las primas se tenía que ganar el concurso de canto.
Era hasta aburridor ir a esos festivales pues ya se sabía de antemano que
alguna de las hermanitas Pérez iba a ganar, ahora la pregunta era ¿cuál?
A mí no me gustaba cantar, pero mis profesores decían que tenía una voz
bonita y en los actos públicos me forzaban a cantar para toda la escuela.
Creo esa es la razón por la cual no me gusta cantar, porque me forzaban
y yo siempre he sido muy rebelde, creo.

A la misa de los viejos, que así era como llamábamos nosotros a la misa de las doce, iba mi abuelita y mi abuelo Pito, mi mamá, la tía Luz, la tía Mariela y su esposo Rodrigo, la tía Rebeca con su esposo Jesús Amado y el tío Efraín sin su esposa que estaba muerta y quien, según me contó mi mamá, había muerto en un accidente aéreo. Años más tarde descubrí como descubrí muchas otras cosas, que se había suicidado al arrojarse del edificio Coltejer. Voló por treinta pisos sin instrumentos de vuelo, tuvo un buen aterrizaje pero no sobrevivió.

Todos los sobrinos íbamos a la iglesia a las diez y media, nos confesábamos, comulgábamos y salíamos. Entraron los otros feligreses a las doce y también salieron, mientras tanto los sobrinos de la tía Beatriz tenían que vivir como esclavos del orden y de la limpieza hasta la hora de almorzar. No podíamos correr, jugar, sentarnos en el suelo o hacer nada que pudiera estropear o ensuciar los vestidos que nos habían puesto para la ocasión. Teníamos que esperar a que llegaran los mayores para devorar el pedacito de ave, pedacito del sacrificio que cinco horas antes le daba picotazos al suelo del patio de atrás después de escarbar la tierra dura y reseca que rodea al mango del patio. Pedacito de ave ahogada en un caldo amarillo con tronquitos de papas, plátanos y yuca. Después de comérnoslo, éramos libres de hacer lo que queríamos, nos daban libertad de ser otra vez niños.

La torta de chocolate a la que la tía Beatriz le agregaba un ingrediente secreto, no era buena (todos sabíamos que el ingrediente era Ron Medellín Añejo) y por alguna razón de daba un sabor a telaraña empolvada, sólo las mujeres se atrevían a comerla. Nosotros los sobrinos preferíamos tomar Coca-Cola y si la tía no hacía torta de vainilla, preferíamos no comer nada.

En las horas de la tarde después de pasar la comida por el estómago y de digerir un pedazo de músculo de pájaro, emprendíamos el peregrinaje al cerro Nutibara. El tío Valentín vendría más tarde a la casa de la abuela haciendo sonar la bocina de su carro anunciando su presencia sin importarle que la tía Beatriz hubiera dejado un centinela en la fachada de la casa para anunciar su presencia. La viejita y las mamás que pudieran caber se metían al Land Rover llevando jarras con limonada, pasteles, tortas de frutas, manteles, ruanas, el naipe para jugar al tute, la perinola y sombrillas.

Las sombrillas no podían faltar. La abuela y mis tías le tenían y se puede decir cómodamente, miedo al sol. Me acuerdo en las vacaciones de verano como nos rogaba la abuela para que esperáramos hasta que cayera el sol antes de salir a jugar fútbol o cuando salíamos a hacerle un mandado nos pedía muy delicadamente que nos fuéramos "por la sombrita." Con las mismas preocupaciones salieron mis tías, no tanto mi mamá pues a ella no le importaba lo que hiciéramos con tal de regresar vivos todas las noches.

Fue en el cerro Nutibara y la tercera vez que yo había ido a las galerías de Belén a ayudar con la compra de las gallinas, que me dio por preguntarle a la tía Beatriz la razón por la cual no tenía hijos, mientras abrazaba la espalda del abuelo. La pregunta no era tan prematura para mi temprana edad de trece años pero todos sabíamos muy bien que ella adoraba y quería mucho a los niños. Como prueba de eso estamos nosotros los sobrinos, tan mimados y consentidos por ella como si fuéramos sus nietos, además están los diferentes familiares que había adoptado a través de los años. La primera de las adoptadas fue Carmen, a quien cuidó por más de siete años desde la muerte de su mamá. Carmen era sobrina de mi tía por el lado de Valentín. Luego recogió a Griselda por cinco años, hija de un hijo de papá Vicente, hermano de mi abuelo Pito. Ambas muchachas y no sé por qué razón, nunca consideramos familia. Quizás fue porque estudiaban mucho o porque no las dejaban salir a la calle o por haber ido a colegios privados y lo peor de todo era que sólo podían conversar con nosotros cuando el tío Valentín no se encontraba presente, de todas formas, no las consideramos familia. La tía Beatriz les dio de todo lo que se les pudiera dar bajo su condición económica, la cual era bastante buena en aquel entonces.

La tía, respondiendo mi pregunta, me dijo en una forma evasiva y tristona que "no podía tener hijos." Habían tratado por muchos años pero nada había pasado. Al decir esto se llenaba de un vacío y me di cuenta de que no debí de haberle hecho la pregunta y especialmente en un día tan especial para ella como es el Día de las Madres.

En cierta forma su actitud explicó el por qué de tanto familiar adoptado o en mejores términos prestados, ya que después de que Carmen y Griselda sacaron sus licenciaturas se largaron de la casa para no ser vistas jamás y como dice el dicho, "ni en fotos".

Esa parte inicial de la tarde del Día de las Madres me dejó la mente llena de recuerdos agradables. Veo a mi abuelita y al abuelo Pito sentados en la ruana de lana. Se siente la brisa que se escapa del oriente Antioqueño refrescando la cima del cerro. Mis tíos, uno contando chistes mientras otro pela naranjas, otros sentados en sus ponchos de algodón y tomando limonada mientras las tías juegan a las cartas o se informan de los últimos chismes del vecindario. Allá al fondo por el lado de la carretera y al lado del Pueblito Paisa recuerdo ver a Valentín, limpiando su Land Rover mientras mi tía mira a los sobrinos que tiran una pelota de béisbol. Allá abajo, en el valle del Aburrá, la ciudad de Medellín.

Recuerdo ver también al primo Ignacio tirando la bola con toda su fuerza, a Pipe que estaba supuesto a cogerla pero que sólo tuvo tiempo para agachar la cabeza y esquivar el golpe de ésta, que termina su trayectoria estrellándose contra el coche de Valentín hundiendo las latas del Land Rover. El silencio se apoderó de todos y callados esperamos la reacción del tío. Después de tomar la bola y tirarla fuertemente loma abajo, mira a la tía con sus ojos de culebra, se le acerca empuñando la mano y le dice en tono fuerte, casi que gritando "ya sabes Beatriz que no me puedo aguantar a estos culicagados. También sabías que no quería subir por acá sirviendo de chofer para tu familia y lo que le hicieron al carro ya es el colmo de los colmos". Mi tía se había parado durante su discurso y lo miraba con los brazos cruzados. Valentín tira al suelo el trapo con el que ha estado limpiando el carro y se marchó de nuestra presencia.

Después de haber vivido juntos por cuarenta y ocho años se necesitó la mano derecha de Ignacio para llenar la taza del tío Valentín, quién después de darle su sermón a la tía, por primera vez en público, salió en su carro quemando llanta y ofendiendo a la toda la familia Pérez. Mis tíos tuvieron que llamar un taxi para llevar de regreso a la abuela, las jarras, ruanas, etc. a la vez que maldecían al cornudo de Valentín.

De regreso en casa de la abuela se encerraron todos los tíos y tías en la recámara de los abuelos. No oí bien lo que estaban discutiendo pero después de un rato salió la tía Beatriz llorando y oí la voz de mi tío Hernando que le decía que no se preocupara de nada, que él se encargaría de todo.

Al día siguiente, temprano en la mañana, hicieron el levantamiento del cadáver del esposo de la tía Beatriz. Según las autoridades las cuales representaba el Mono, murió de repente y muy tranquilo mientras dormía y después de tomar un vaso de limonada preparada por mi tía con los mismos ingredientes que usó para la limonada del Día de las Madres.

La tía Beatriz nunca se volvió a casar y después de un tiempo se llevó a los abuelos a vivir a su casa. Yo la sigo visitando con frecuencia y ella se alegra de verme y continúa mimando los pequeños retoños que sus sobrinos traen a este mundo.

Ayer soñé que me mataban

Ayer soñé que me mataban. Es la tercera vez que lo soñé, ayer. Primero, se escuchó un trueno. Llegaron tumbando la puerta. Luego gritos, y sin darme tiempo de quitarme las lagañas o de rascarme el culo o de bostezar, se metieron en mi cuarto con las luces apagadas. No les puede ver la cara. Lo único que iluminó el aposento fue el verde fluorescente de sus ojos. Uno de ellos a patadas, me tumbó de la cama y mientras los otros me gritaban en lenguas extranjeras, otro, el más alto me pegó un tiro arribita de la nariz. Cae mi cuerpo al suelo.

Siento la sangre tibia correr por mi frente. Se me encharcó un ojo con la sangre y saboreo su espesor salado. La áspera humedad, que cobija el alma y el agrio silbido de la vida, se van agotando lentamente. Sus ojos, sus ojos de cocuyos me miran como lejanos astros estelares, muy lejos dando vueltas sin cesar.

Nadie escuchó el disparo certero. Nadie vino a decir que se callaran. Nadie preguntó por mí. Nadie dijo nada.

El periódico publicó, en un rinconcito de la sección D, la de deportes, un anuncio de catorce letras (ni en negritas siquiera), que me había suicidado. "Juan Guillermo Vélez, prominente medio campista del Atlético Deportivo Nacional se suicidó ayer por la noche."

Sólo mi madre vino al entierro pero ni un Padre Nuestro me rezó.

Anteayer, exactamente anteayer, soñé que había metido un gol, un golazo de los golazos. De palomita y rodeado de jugadores del DIM. Pero nadie se alegraba. No escuché los gritos de la porra celebrando en alboroto mis habilidades de futbolista. Sólo se escuchó un silencioso lamento. Los pájaros dejaron de cantar, la banda paró su música jovial y ese olor de flores secas invadió el estadio. De repente empezaron a tirar cosas a la cancha por "yo" haber metido un autogol.

Firmé mi sentencia de muerte con una patada y por eso es que no dejo de soñar que me van a matar.

Mi Musa musical, mi cortesana (2 +1=3)

Es mágica
    La música
Durmiendo al lado
          si es que no ves
hazme creer que esto fue
encantamiento
lo que vine a escuchar

Es extraña, aquella
Que brota de la nada
hechicera
el velero que lo arrastra el viento
y dime acaso si (es que esto) no es

          *****

    Alto muy alto
parado en el páramo, un adiós
es algo ordinario
¡qué pena perderlo!
    Me voy a meter
lo voy a intentar
enfrentar...

El frío de invierno

Viejo amigo, hasta pronto será
No te afliges
que no volveré, no.
Hay problemas. Mejor huir que

Coje ventaja, toma fuerza
el combustible sale de mí
lentes cóncavos
no los eches a perder

Fuego, fuego ardiendo profundo
    Belleza, bello el amanecer
Mirando a través de cristales mojados,

De lado, el Show
esquina de la Treinta y Tres
lealtad sólo un sueño
uno con filtro
    durmiendo estoy
gris

La primera vez
ahí te vi en la ciudad. Parada en la

    Minifalda, uñas rojas fumando

      Y ese humo pegante y

un sueño de luces
de los dedos de neón
el sonido que atraviesa mi mente
es un cosmos nuevo

Zapatos de tacón. El cascabeleo

tan, tin, tan.
Mi creación.

No puedo seguir asi
quieren amar ahora y siempre
        La musa no inspira más cuando te vas
Cuando vuelves a mi hogar
amor
La danza y sus sombras
        vienen a acompañar la mía
Tú y tu eternidad.
No te vayas mi creación

Corra, corra que te buscan. Te

en todo lugar, sólo el

brujería, magancia

Mi desilusión

Mari, Mari ven
sueños
Ven Mari. A tu lado otra vez la luz
a mis fantasmas
Vuelve a casa
persigue

Aférrate fuerte a mis

Vuela conmigo, aférrate

Maldita la sombra de la manzana que te

        No le hagas caso, no la mires una y otra vez.

        No ves que no me importar tu pasado.
Inspiración es lo que busco, busco en ti. Mi musa, mi coima y mi
cortesana

Samuel

Personajes
Rosa
Clavelio
Guajiro

La acción toma lugar en la sala de una casa. La sala está decorada con pinturas, lámparas, alfombra, sillas, sofá, adornos, etc. Las paredes son de un color oscuro y de una consistencia brusca, se debe de dar la impresión que las paredes son rocosas y que se está viviendo en una cueva o en un sótano. Hay dos entradas o salida, una de ellas conecta supuestamente la habitación con el mundo exterior y la otra con el resto de la casa. En una de las paredes de la sala y visible, para la audiencia, hay una cámara de circuito cerrado.

Al levantarse el telón se ve a Rosa de pie, vestida con ropa de hombre. Lleva puesto un par de pantalones, correa, corbata, camisa de rayas azules y blancas. Sostiene un cigarro en su mano derecha y la mano izquierda la lleva en el bolsillo del pantalón. Clavelio se encuentra desparramado sobre el sofá de la sala, con una camiseta escotada, falda y calcetines. Su rostro debe de estar bien afeitado y con toques femeninos.

Rosa: (Acercándosele a Clavelio y con tono exasperado). ¿Oíste lo que dijo Azucena?

Clavelio: (Levantándose del sofá). ¿Qué fue lo que dijo esa rebelde, condenada y mala hija? Nuevamente saliendo con bobadas para hacernos dar iras, y hacernos subir la presión. Siempre que logra reinar la paz en este hogar de almas puras y justas, la incrédula esa tiene que salir con una nueva. ¿Qué fue lo que dijo esa endemoniada? ¿Con qué salió?

Rosa: (Sacando la mano del bolsillo del pantalón). Con que el gobierno va a aumentar los impuestos de la gasolina.

Clavelio: ¡Otra vez!

Rosa: ¡Te imaginas mujer! ¿Qué hace que los aumentaron? No han pasado 'siquiera dos meses que aumentaron los impuestos en los artículos de necesidad. El gobierno se mantiene aumente que aumente y nosotros pague que pague.

Clavelio: ¿Pues qué más se va a hacer mijo?

Rosa: La cosa cada día está peor para nosotros los pobres, pero para los que están en la pomada cada día mejor. A ellos nada los afecta.

Clavelio: (De pie y abriendo la palma de la mano como para darle un bofetada a alguien). Eso tuvo que ser culpa de Azucena. Esa endemoniada se va a ganar una paliza de parte mía. ¿Cómo se atreve a salir con esas barbaridades? Ella sabe que somos pobres, que no nos queda ni un chavo de sobra para nada y de sobremesa nos sale con esas cosas de aumentar la maldita gasolina.

Rosa: Definitivamente vamos a salir gastando los ahorritos en impuestos.

Clavelio: Únicamente hace eso para que gastemos lo poco que tenemos. La transportación es muy importante y si el carrito no tiene su gasolina no vamos a ningún lado. (Abriendo los ojos y apuntando con el dedo índice hacia arriba) Un día de estos la voy a matar a punta de cogotazos. Hay Dios mío bendito, perdóname y dame paciencia para sobrevivir las penas en este valle de lágrimas. Un día de estos..., te lo juro... un día de estos...

Rosa: (Acercándosele y tocándole suavemente los hombros). Cálmese mujer, no se ofusque tanto que se me va a torcer y además, no puedes ser tan injusta con la niña que está en una edad de tanta inocencia y en la que su mente se puede influenciar fácilmente con bobadas. Ella está empezando a ver el mundo y a conocerlo. Ella está despertando de ese sueño divino de la juventud y pues... Ella no sabe nada de los negocios de Samuel, para ella él es como, como... un ídolo... la pobre no sabe nada de política o de... (mirando la cámara del circuito cerrado), me... me acabo de acordar mi'ja que no tenemos carro (sonríe).

Clavelio: (Se pone de pie, con una mano en el hombro y la otra en la cintura. Pensativo). ¿Un ídolo? a lo mejor tienes razón (silencio). (Subiendo el tono de voz) Pues ese ídolo de la mierda es el que nos va a arruinar.

Rosa: (Mirando la cámara). Calla mujer. Baje el tono un poco por favor.

Clavelio: Mire donde estamos viviendo, metidos aquí como ratas (empieza a llorar y cae sobre el sofá). De todo lo que ganamos le tenemos que dar un pedazo a Samuel y lo poco que nos queda después de trabajar como esclavos no es suficiente para criar una familia con hijos.

Rosa: Pero así está todo el mundo. Nosotros no somos los únicos mujer, no somos los únicos.

Clavelio: Mire, hagamos la cuenta. A ver, en la semana se trabajan siete días, cuatro de ellos son para Samuel y los otros tres para vivir en esta pocilga como ratas. Escondidos de los vecinos o de los espías que son tantos. Aquí vivimos enterrados diciendo sólo lo que debemos decir, muertos de miedo de ser enviados a los institutos de Reforma. Pa' colmo de males, ni siquiera tenemos carro y el aumento de los impuestos en la gasolina no nos afecta para nada (continúa llorando).

Rosa: (Dándole palmadas en el hombro y fumando el cigarrillo). Ya mujer, ya pues. Deje de ser chillona. Yo ya le dije que en muy poco vamos a tener la plata ahorrada para comprarnos un carrito, y ya vas a ver que vas a tener un motivo para meterle esas trompadas que tanto has querido a la Azucena. Pero eso sí, si compramos el carro me tiene que prometer que te vas a esperar por el siguiente aumento en los impuestos de la gasolina. Pues este aumento ya pasó y no se lo puede cobrar más adelante.

Clavelio: (Resignada). Sí bueno, te lo prometo, pero compremos el carrito pronto.

Rosa: Bueno mi'ja, muy pronto lo compramos.

Clavelio: Dígame mijo ¿Qué son esas cosas por las que le ha dado a Azucena últimamente, de venir y hacer preguntas y preguntas? Yo creo que fue ella la que hizo que se llevaran a Roberto al instituto de Reforma y creo que lo hizo como para vengarse de nosotros, porque ella sabe como lo queríamos y lo apreciábamos.

Rosa: Sí mi'ja, esas son unas cosas muy feas en las que se está metiendo la muchachita y todos sabemos que el pobre Robertico Fernández no se metía con nadie. El era un hombre muy trabajador y un buen vecino, ni decía nada de nadie. Él era un hombre muy bueno. Iba a la universidad, enseñaba sus clases, escribía sus libros y sus artículos. Era un hombre muy pacífico. Eso sí, tuvo sus enredos con los magistrados pero según leí en el diario Justicia lo exoneraron de toda culpa.

Clavelio: Sí, él era un hombre muy recto, pero gracias a Dios que te acordaste que no teníamos carro, pues de lo contrario no hubiera podido dormir ni una pizca esta noche pensando en el precio de la gasolina y ¿sabes qué más?

Rosa: ¿Qué?

Clavelio: (Riéndose). Qué tampoco tenemos familia.

Rosa y Clavelio: (Comienzan a bailar y repitan en medio de risas). No tenemos familia, no tenemos carro, no tenemos familia, no tenemos carro, no tenemos familia.

Clavelio: (Llorando). Ni nadie quien nos quiera. Qué tristeza, que soledad la de envejecer sin quien herede las preocupaciones de esta vida. Mijo cómpreme un hijo. No seas malo, cómprame un hijo, un varoncito bien bello de ojos azules y pelo rubio y lleno de crespitos y pecas. Que se levante por la mañana y nos haga café, tostones y huevos revueltos y venga al cuarto y nos diga mamá y papá y que llene esta casa de amor y felicidad y que...

Rosa: Que llore toda la noche y que no nos deje dormir y que se cague en los pañales y se coma la mierda y que...

Clavelio: Mejor me compra una nevera, pero eso sí, tiene que tener hielera.

Rosa: Bueno mi'jita, no sé si los ahorritos dan para la nevera y con hielera pues por ahí sí que está peor la cosa. Vamos a ver como lo hacemos pero ya sabe, que no se vuelva a mencionar más la palabra "hijo" en esta casa y lo de la nevera, como dije antes, ya veremos. Usted ya sabe que en este sistema los hijos no son sino un préstamo que nos hace Samuel.

Clavelio: Sí porque aquí todo se lo quitan a uno. Si no es por las buenas es por las malas. Ese desgraciado todo lo sabe. Me pregunto como es que se entera de todo, es como si tuviera ojos en la espalda. ¿No lo crees así mijo?

Rosa: Sí mi'ja (le toca nuevamente la espalda y le da palmaditas. Con el dedo índice le señala la cámara de televisión que se encuentra en una esquina de la sala). Salude y pedí perdón antes de que nos mande al Guajiro ese que nos han estado mandando desde el inconveniente aquel que tuvimos hace dos meses. Hace rato que no nos viene a visitar y hoy se te ha pasado la mano un poco en insultos.

Clavelio: (Se voltea hacia la cámara y con una sonrisa forzada mueve la muñeca de su mano con ademán de adiós. Se queda pensativo por unos momentos). ¿Perdón por qué? Si es que no he hecho nada malo, lo único que he hecho es hablar, o ¿es que acaso eso es un crimen en este pueblo? a Robertico lo reformaron por escribir, escribir es la razón por la que reforman no por hablar. Ese puto Guajiro que se vaya pal' carajo y que se coma un cable de los gruesos.

Guajiro: (Inmediatamente que Clavelio termina de decir estas palabras, entra al escenario por una de las puertas sin dar aviso alguno vestido con un abrigo negro, corbata, saco negro, camisa blanca, guantes, sombrero de ala y un maletín de ejecutivo el cual contiene las herramientas del oficio, así como papeles, formularios, etc. En su mano izquierda lleva un paraguas largo, en la derecha el maletín). ¿Qué fue ese ademán que acabas de hacer? (Se le acerca a Clavelio y le pone la punta del paraguas en el pecho). ¿Usted no sabe que por esa clase de imprudencias contra el sistema establecido por Samuel, le podemos dar multas y hasta unas vacaciones en la finca del "Retiro"? con gastos pagos por supuesto. Esas faltas de respeto son castigadas rigurosamente.

Clavelio: Pe... pe... pe... pe...

Guajiro: Pepe no es mi nombre, es Guajiro y que no se le olvide.

Clavelio: Pero es que...

Guajiro: Pero nada señorita distorsionadora de, de, de rumores o es que ustedes no comprenden que el sistema que tenemos establecido es para su propio beneficio, para su propia seguridad, para su propia...

Clavelio: ¿Paz?

Guajiro: Para la paz, para la prosperidad y el bienestar comunal. Ustedes los "surgentes" son un grupo de individualistas, a quienes tan sólo les importa su propio bienestar y no el bienestar de la comunidad. Lo único que les importa es su propio bolsillo y sus cuentas de ahorro y no las del pueblo. (Respira profundamente), es sólo por la labor incansable de Samuel que hemos alcanzado el nivel de...

Clavelio: Paz.

Guajiro: Paz y prosperidad en nuestra República y no gracias a la labor de individuos como ustedes. (Comienza a quitarse el abrigo).

Rosa: (Suplicando). Señor Guajiro por favor, perdónela, ella...

Clavelio: (Poniéndose de pié). Ella... ni que cuentos, yo sé muy bien lo que hice y por eso lo hice y lo que es usted señor corbatas, se me va de mi casa antes de que lo eche a punta de... (Se detiene el Guajiro y lo mira a los ojos).

Rosa: (Dirigiéndose al Guajiro, quien se está ajustando el par de guantes negros). No señor Guajiro, ella no quiso decir esas cosas, ella es una mujer muy buena, trabajadora y amante de su esposo y del sistema. Dele otra oportunidad por favor. Vamos hombre, no sea malo, ¡eh! ¿Qué dice? ándale ¿sí?

Guajiro: No señor, la taza se ha llenado y no hay nada más que el sistema o yo podamos hacer por ustedes. Todo está en los archivos y los archivos no mienten. Ya nada se puede cambiar. Colaboren y sufrirán menos. También, claro, harán mi trabajo más fácil.

Rosa: Perdón pero, usted dijo "ustedes" (el Guajiro afirma con la cabeza toma el maletín y empieza a sacar unos papeles). ¿Cómo así que no hay nada más que el sistema puede hacer por "nosotros"? (Mirando al público y en tono de catedrático). Usted acaba de usar el pronombre del sujeto "ustedes" tercera persona plural, a sabiendas que yo no dije ni hice nada. Debió de haber dicho usted pero refiriéndose a ella, no a mí. Yo soy quien le ha estado diciendo a esta mujer que se calle, que respete, que...

Guajiro: Aquí tengo las "ordenes" de ustedes dos.

Rosa: ¿Cómo así que ustedes? Ya le dije que yo no he hecho nada, yo... mire el video de la cámara, revise los archivos y verá que ella fue la que quebrantó la ley. Yo no he hecho nada malo, yo soy un... hombre bueno y virtuoso, yo...

Guajiro: Los archivos no mienten y nosotros no cometemos errores.

Clavelio: (Dirigiéndose hacia el Guajiro). Se me sale de aquí inmediatamente señor Guajiro o voy a llamar a la policía.

Guajiro: (Se ríe). Yo soy la policía. ¿En que mundo viven ustedes? Piensen por favor. Así como el ser humano tuvo la necesidad de crear a Dios, nuestra República tuvo la necesidad de crear e inventar a Samuel y yo soy el representante de Samuel, yo soy...

Clavelio: ¿Cómo así que representante de Dios?

Guajiro: Digamos, es algo así como un cura, no, no un cura, soy algo así como un Papa, eso, sí como un Papa representante de Dios y de su iglesia en la tierra, de sus creencias, de su religión. Entonces lo que Samuel dice es algo así como uno de los mandamientos que le dieron a Moisés, eso sí como los mandamientos, los cuales como es sabido son las leyes, y yo como Papa me encargo de que mis rebaños obedezcan la ley impuesta por Samuel, digo Dios...

Rosa: Entonces si usted es un Papa, Samuel es algo así como Dios.

Guajiro: Exactamente.

Clavelio: ¿Y cómo van las ovejas a obedecer leyes? Yo oí decir que las ovejas eran muy brutas y difíciles de entrenar. Fuera de eso son muy miedosas. A algunas hasta se les puede matar de un susto.

Guajiro: Lo de las ovejas y de los mandamientos es una ilustración que usé para explicar mejor y para que ustedes entendieran, la cuestión de las leyes y la autoridad y la superioridad de Samuel.

Rosa: ¿Cómo puede Samuel ser un Dios si nunca he visto u oído que haga milagros?

Guajiro: Esos sí los ha hecho. Yo personalmente soy testigo de sus milagros pues los he leído. Ellos están escritos en los archivos Generales de la República. Claro, para mantener la paz y orden de su majestad-generalísimo Samuel, esas cosas no se divulgan, pero de que ha hecho milagros los ha hecho.

Clavelio: ¿Y como cuántas iglesias controla un Papa?

Guajiro: No sé, Los Papas dejaron de existir hace muchos años y si existen no podría decirle cuantas iglesias podrán tener, pero me imagino que son muchas. Miles. (Ofuscado), no me enreden más con sus preguntas, lo que sé es que la ley dice que no los necesitamos a ustedes por que se han convertido en un algo que necesita mantenimiento, ustedes son como un carro viejo que empieza a mal funcionar y llega el momento en que el dueño del carro decide que es hora de cambiarlo o venderlo por chatarra. Además, personas como ustedes sobran en esta República.

Rosa: ¿Nosotros? (apuntando a Clavelio). Pero si fue ella quien insultó a Samuel, yo no. Es ella la que debe ser castigada yo no. Yo incluso le pedí que se disculpara. Yo he estado cooperando con usted desde la primera vez que vino a interrogarnos. ¿Se acuerda?

Guajiro: (Ordenando las hojas y sacando algo con qué escribir de su maletín) ¿Quién es la señora de la casa?

Clavelio: (Se le acerca al Guajiro y con tono femenino). Soy yo.

Guajiro: (Sin prestarle atención). ¿Edad?

Clavelio: (Mirando los papeles en el folleto que tiene el Guajiro y tocando uno de ellos). Pues la que tiene escrita ahí en ese formulario o ¿es que no sabe leer?

Guajiro: (Irritado) ¡Por favor conteste la pregunta! Mientras más pronto terminemos estas preguntas, más pronto nos marchamos y acabamos con este requisito. ¿De acuerdo?

Clavelio: Pero si lo que tiene escrito es mi edad. ¿Por qué me quiere preguntar la edad otra vez? ¿O es que acaso no tiene con lo que tiene escrito y hay que repetirle dos veces para que sepa cuál es mi edad? Ese es el problema con este sistema, para todo es un papeleo, hasta para cagar hay que llenar un formulario. En este país ni para morir lo dejan a uno en paz, hay que llenar y firmar un formulario antes de dar el último suspiro. Todo es una firma aquí, un nombre allí, el número de la Cédula de Identidad en un cuadrito el apellido en el otro. No muchacho, es que usted tiene que comprender que...

Guajiro: (Irritado). Una vez más señora, ya que usted es la dama de la casa y sólo una vez más, ¿Cuál es su edad?

Rosa: (Mordiéndose las uñas). Ya, déjela señor Guajiro. Haber, déjeme ver... (Mira los papeles que tienen el Guajiro). Sí, esa es su edad. Ya déjela tranquila que la pobre ni sabe sumar.

Guajiro: (Mirando a Rosa a los ojos). Mire usted señor de la casa, ¿qué tienen que ver el no saber sumar con decir la edad?

Rosa y **Clavelio**: (En coro). Pues nada.

Guajiro: (Dirigiéndose a Rosa). Entonces ¿Porqué no puede ella decirme su edad?

Rosa: (Poniéndole una mano en el hombro al Guajiro, le susurra al oído).

Guajiro: ¡Ya veo! ¡Ya veo! Entonces, a ver usted (dirigiéndose a Rosa), el señor de la casa, contésteme las siguientes preguntas. ¿Edad?

Clavelio: No sé sumar.

Guajiro: (Irritado). No le estoy preguntando a la señora de la casa, ¿se acuerda? le estoy preguntando al señor de la casa, así bien pues que señora. (Mirando a Clavelio), no responda usted ninguna pregunta, que las preguntas que voy a hacer son para el se-ñor-de-la-ca-sa. (Mirando a Rosa) ¿Comprende? (Clavelio sale de la sala actuando y mimeando como una mujer).

Rosa: (En tono de enojado con el Guajiro). Ya ve usted lo que acaba de hacer, la ha herido, pobrecita. Fuera de haber tenido un día tan duro con las noticias de la gasolina y de haber abortado un hijo con la nevera, viene usted a atormentarla con sus insultos e interrogaciones. Eso era lo único que hacía falta a la pobre. Dios mío bendito en que país vivimos. Además de que...

Guajiro: ¿Abortó un hijo con la nevera?

Rosa: No, un hijo o fue una nevera, uno de los dos. Hay, ya no me acuerdo que fue lo que abortó.

Guajiro: Esto se acabó. Esas insolencias y falta de respecto por la autoridad se acabaron. Su terquedad no sólo es un insulto contra mí pero contra el sistema que yo represento, así bien pues que colabore o le va a ir peor de lo que se le tiene preparado. (Silencio. Comienza nuevamente el Guajiro). Contésteme Señor, ¿cuál es su edad?

Rosa: Yo ya le dije mi edad la semana pasada cuando vino usted y nos hizo las mismas preguntas, yo se las conteste una por una y ahora viene usted y me pregunta lo mismo. ¿Pero qué clase de interrogatorio es este?

Guajiro: (Levanta la mano y le da una bofeteada a Rosa). ¿Cuántos años tienes? ¿De dónde eres? Contesta insolente, desgraciada, revolucionaria. ¿Cuántos años tienes? ¿De dónde eres insurgente? ¿De dónde eres?

Rosa: (Retrocediendo y agachando la cabeza) De Sonsón, de Sonsón. No me pegue más por favor.

Guajiro: (Se arregla la corbata y organiza los papeles en su mano). ¿Cuántas personas viven en esta casa?

Rosa: Azucena, por favor no hagas eso, ya te lo dije antes que si me golpeabas no iba a jugar más contigo.

Guajiro: (Hala a Rosa de los cabellos y la sienta en el sofá). Usted sólo habla cuando yo le diga que hable, y yo soy el Guajiro. ¿Comprende?

Rosa: Sí.

Guajiro: ¿Cuántas personas viven en esta casa?

Rosa: (Cubriéndose la cara). Somos tres.

Guajiro: ¿Cuál es tu edad? (Mira los papeles).

Rosa: (Contesta rápidamente). Ticinco.

Guajiro: ¿Quiénes son los tres?

Rosa: Pues vos sabes quienes somos Azucena.

Guajiro: (Saca del maletín unas tenazas). No me provoques con tus insolencias. Contesta la pregunta y no haga las cosas peor de lo que son ¿Quienes son los tres que viven aquí? ¿Quienes son?

Rosa: Clavelio, es la señora de la casa, Azucena es mi hija y yo, esos son todos.

Guajiro: ¿Y porqué nació en Sonsón?

Rosa: Me gustó el clima y además es muy bonito y la gente es muy amigable.

Guajiro: ¿Por qué le dieron el nombre de Azucena en lugar de Rosa?

Rosa: *Porque las rosas*
con espigas en el tallo
contraste natural ofrecen.
Con Azucena nos quedamos
que sin espigas en el tallo crece.

Guajiro: (Mirando alrededor). ¿Dónde está su hija?

Rosa: ¿Pero Azucena qué es esa pregunta? Pues aquí parada delante de mí. Yo no quiero jugar más Azucena, usted se está yendo por el lado que no hemos practicado, esas preguntas no son parte de lo que habíamos ensayado antes. Además tú estás actuando muy raro es como si fueras...

Guajiro: (Abriendo y cerrando las tenazas y tomando la cara de Rosa con la otra mano). ¿Dónde está Azucena? Es mejor que hables y cooperes, así no sufres tanto. No estoy jugando ningún juego, yo soy y siempre he sido el Guajiro. Ustedes mataron a Azucena porque ella era amiga del sistema creado por Samuel. Porque ella creía en el futuro de la República, en el futuro de nuestra sociedad. (Grita). Confiesa desgraciada, la mataron ¿Verdad? ¿Qué hicieron con su cuerpo? ¿Dónde lo enterraron? ¿Lo tiraron al basurero?

Rosa: (Logra soltarse de la mano del Guajiro). Ella debe de estar en su cuarto.

Guajiro: Llámela que la quiero interrogar.

Rosa: (Poniéndose de pie). ¿Pero para qué la quiere interrogar? Ella no ha hecho nada malo, déjela sola. Ella es una de ustedes, ella cree en Samuel, ella es una de sus aliados y es parte de la nueva sociedad y cree en los cambios afirmativos de la República.

Guajiro: Por eso mismo es que la quiero ver, para conversar con ella, hacerle unas cuantas preguntas y si ella esta limpia como dices, pues no me queda más que dejarla en...

Rosa: Paz.

Guajiro: (Silencio). Paz.

Rosa: Con su permiso señor Guajiro, ya vengo, se la voy a llamar.

Guajiro: Señor ¿cuál es su edad?

Rosa: Pues la que le dije.

Guajiro: Usted no me dijo ninguna edad. Lo único que dijo fue ticinco y por lo que yo sé, ticinco puede ser veinticinco, treinta y cinco, cuarenta y cinco, etc.

Rosa: Yo ya le di mi edad, le respondí y usted la escribió la semana pasada.

Guajiro: (Tomándola de los hombros y mirándola a los ojos). ¿Dónde está Azucena? ¿Qué es lo que le gusta del clima de Sonsón? ¿Por qué no me quiere responder cuál es su edad? ¿Tienes conexiones con algún grupo revolucionario? ¿Cuál es su color favorito? y ¿con qué frecuencia se afeita?

Rosa: Ya la traigo, el frío, porque estoy muy joven para tener una hija de la edad de Azucena, no, amarillo y el sobaco cada dos días. (Comienza a marcharse de la sala).

Guajiro: (En tono alto).Tráigame a su hija inmediatamente ¿A no ser que usted tenga algo para ocultar y esa es la razón por la cual no quiere traer a Azucena?

Rosa: (Comienza a marcharse).Posiblemente ella ya no existe.

Guajiro: Pero existió. Tengo evidencias que existió. A lo mejor la borraron y esa es la razón por la cual ya no es. Esa puede ser la verdad única. Ustedes dos son unos asesinos del sueño de una joven inocente. Ustedes son los torturadores en el sistema, yo no, yo soy una víctima de sus artimañas de sus trucos. Posiblemente Azucena es un títere de sus necesidades y de sus ambiciones. (Grita). ¡Di que así es, dilo!

Rosa: (Se le acerca). No señor Guajiro, yo le juro que no la hemos matado. Sí habremos pensado en hacerlo, pero eso no es ningún crimen, además, ella está bien y con vida en su cuarto viendo MTV o jugando "PacMan" Aguántese un minutito que ya traigo a Azucena. Va a ver usted que ella sí existe.

Guajiro: (Saca del maletín una jeringa). La quiero ver inmediatamente y de no verla...

Rosa: (Grita). ¡Azucena! ¡Azucena! ven mujer que el Guajiro te quiere hacer unas preguntas.

Clavelio: (Haciendo el papel de Azucena. Se levanta los senos. Tiene la misma ropa que llevaba anteriormente pero se ha puesto labial y peluca rubia). ¿Qué quieres?

Rosa: El señor este te quiere hacer unas preguntas.

Clavelio: Si señor, ¿en que le puedo ayudar?

Guajiro: (Con rostro de duda y mirando las curvas de Clavelio). ¿Cómo se llama usted señorita?

Clavelio: (Coqueta). Me llaman Azucena y ¿a usted cómo lo llaman?

Guajiro: Aquí el único que hace las preguntas soy yo y su obligación es la de responderlas.

Clavelio: ¿Fumas?

Guajiro: Sí claro.

Clavelio: ¿Me regalas un cigarrillo?

Guajiro: No, no tengo. Yo creí que usted me estabas ofreciendo un cigarrillo y por eso dije que sí.

Rosa: Con su permiso señor Guajiro que tengo que ir al baño a vaciar usted sabe que.

Guajiro: Bien pueda, pero eso si, no se me demore. (Dirigiéndose a Clavelio). Ahora cuénteme usted Azucena ya que estamos solitos. ¿Qué me puedes decir de Rosa y de Clavelio?

Clavelio: A mi me llaman Azucena pero prefiero el nombre de Margarita.

Guajiro: ¡Ah! Margarita es su segundo nombre.

Clavelio: No.

Guajiro: ¿Entonces por qué Margarita y no Azucena?

Clavelio: *Flores, reflejo del alma de la naturaleza*
que con sus aromas y colores
en la tierra a las aves se igualan.
Manjar de abejas el estambre encierra
que los muertos a la tumba llevan
y en nacimientos con alegría sonrisas roban.

Guajiro: Barájeme la cosa un poco que yo en el campo de la poesía soy más ignorante que ministro de Hacienda.

Clavelio: Es que me gusta más el tamaño de los pétalos de las margaritas. Sabes que las margaritas tienen sus pétalos pequeños y alargaditos y el centro redondito y amarillito (se pone triste), mientras que las azucenas tienen los pétalos largos y anchitos y el centro de la flor no es redondito como los de la margarita. lo bueno de la azucena es que tiene más olor que la margarita pero...

Guajiro: (Ofuscado con la respuesta). ¿Pero cuál es la diferencia? si es que ambas flores tienen los mismos colores. Ambas tienen los pétalos blancos y en el centro son amarillas. Usted dígame ¿cuál es la diferencia? La verdad es que yo no veo ninguna entre una flor y la otra.

Clavelio: ¿Cómo así que no hay mucha diferencia? La diferencia es mucha. No se necesita un buen ojo para ver la diferencia. Así por encima le puedo decir que la margarita es más pulida, pero la azucena tiene más carácter. Toda la vida me la paso observando y mirando las diferencias de las cosas. Las dos se pueden parecer y se pueden mezclar, pero incluso a una gran distancia yo sé cual es cual y es mi palabra la que decide si soy Margarita o si soy Azucena. Yo sé cual es cual tan solo con verlas y es por eso que prefiero la margarita a la azucena.

Guajiro: ¿Entonces usted se compara con las flores?

Clavelio: No, no, yo no me comparo, es una cosa de nombres, pues yo creo que todos somos algo así como las iguanas, cambiamos de colores solo cuando nos conviene; o como los payasos que dejan de ser payasos cuando se quitan el disfraz.

Guajiro: ¿Pero cuál es la relación entre las flores, iguanas y de dónde salieron los payasos?

Clavelio: Ninguna, y los payasos salieron pues me gusta ver su rostros pintados y me dan mucha risa. Cuando era niña mi papá me trajo una vez para mi fiesta de cumpleaños un payaso...

Guajiro: Bueno, bueno dejemos de hablar de esas bobadas que no tienen nada que ver con el interrogatorio. Ahora cuénteme usted señorita...

Clavelio: Dígame señora por favor.

Guajiro: ¿Cómo así?

Clavelio: Sí, Samuel y yo...

Guajiro: (Bofetea a Clavelio). No sea insolente (lo amenaza con la jeringa). ¿Cómo se atreve a decir tales calumnias de mi... Dios... por Dios? ¿Cómo se atreve? Por eso nada más la debiéramos de fusilar para acabar con esta peste de mentiras...

Clavelio: Sí, es verdad, se lo juro. Clavelio es testigo de todo lo que pasó la noche aquella cuando Samuel vino a visitar sus "internas." Usted sabe, una de esas visitas que él hace de vez en cuando. Me tomó entre sus brazos apasionados y pues luego engendró en mí la criatura, nuestra criatura, la semilla del futuro, del nuevo sistema la...

Guajiro: Cállese insolente (golpea a Clavelio). Clavelio no pudo haber visto nada, él estaba trabajando esa noche. ¿Cómo se pudo dar cuenta de lo ocurrido? Él estaba trabajando ¿Cómo, dígame cómo?

Clavelio: No sé, pero se dio cuenta de todo.

Guajiro: ¿A través de la cámara de circuito cerrado? Llame a Clavelio inmediatamente que lo quiero interrogar. ¡Muévase! que no tengo todo el día. (Pone la jeringa en el maletín).

Clavelio: (Llama a Clavelio). ¡Oh Clavelio! El señor Guajiro quiere hablar con usted. (Entra Rosa vestida de mujer. Clavelio se sienta en el sofá. El Guajiro continúa el interrogatorio como si Rosa fuera Clavelio).

Rosa: ¿Qué fue señor Guajiro? No quedamos pues en que no sabía sumar y ya, ¿se acabó el interrogatorio? Haber, ¿qué otra cosa quiere saber fuera de mi edad? Pero eso sí, acuérdese que no sé sumar.

Guajiro: Ya suficiente, no quiero oír más batanadas. Cállese y déjeme hablar. Azucena me cuenta que usted fue testigo de algo que ocurrió aquí entre ella y Samuel, ¿es verdad todo eso? Antes que responda permítame que le diga que mejor es que no mienta. La verdad, sólo la verdad.

Rosa: No, yo no sé de qué está usted hablando. Yo no vi ni oí nada de nada y mucho menos con referencia a Samuel, pero yo creo que Rosa sí sabe que fue lo que pasó. Mire los archivos a ver que dicen, ellos nunca mienten ¿verdad?

Guajiro: A ver Azucena, digo Margarita. Usted me acaba de decir que Clavelio sabía y vio todo lo que pasó entre usted y Samuel ¿verdad?

Clavelio: Sí.

Guajiro: (A Rosa). Y usted me dice que no vio, oyó o sabe nada.

Rosa: Correcto.

Guajiro: (A Clavelio). Y usted me dijo que Clavelio se informó de lo ocurrido, pues él tiene amigos que trabajan en el centro de inteligencia. ¿Verdad?

Clavelio: No.

Guajiro: Ahora usted Clavelio. ¿Usted dice que no sabe nada de lo ocurrido aquí entre Azucena y Samuel?

Rosa: Sí, así es.

Guajiro: Entonces uno de ustedes dos está mintiendo.

Clavelio: Yo no soy señor Guajiro, usted sabe muy bien que no sé sumar.

Guajiro: Todos ustedes están metidos en esta farsa con el fin de difamar el ministerio que yo represento. Difamación en este sistema es un crimen muy grande mis estimado clientes y pues no me queda más que otra cosa que hacerlos... (mueve la mano con un ademán de despido). Tiene que haber orden y...

Clavelio: Paz.

Guajiro: Paz (Escribe en uno de los folletos algunas líneas y termina diciendo). "Hoy el día 230 del año veinticinco de Samuel, (mira el reloj) a las doce y treinta de la noche (y firma). Que tengan un, pu... buen día. (Toma sus posesiones y se marcha por la puerta opuesta a la cual entró).

Clavelio: (Se quita la peluca y los senos postizos). Bueno, ¿qué calificación le das a la muchacha esa?

Rosa: ¿Del uno al diez?

Clavelio: Pues claro que del uno al diez, esa es la forma en que hemos estado calificando siempre.

Rosa: ¿Tú que le vas a dar?

Clavelio: Yo le voy a dar un seis. Creo que está un poco floja. Todavía se deja engatusar y despistar fácilmente con las respuestas y fuera de eso no tiene esa consistencia y esa seguridad al hablar, lo cual es una cosa muy importante si se quiere ser un buen interrogador...

Rosa: Sí, tiene razón. Creo que yo le voy a dar un cinco, pues cuando me abofeteó no lo hizo suficientemente fuerte, tampoco usó ninguna de las herramientas de tortura. Me amenazó en ellas, eso fue todo. Además con la cuestión de la edad, nunca le contestamos esa pregunta (ambos se ríen). Usted sabe muy bien Clavelio como es de importante la edad en este sistema.

Clavelio: Samuel sólo quiere sangre joven. La muchacha esa debió sacar esas tenazas y arrancarnos las uñas como lo hacíamos nosotros antes de que nos hicieran profesores.

Rosa: A nosotros no nos embobaban con respuestas sin sentido ¿Verdad viejo?

Clavelio: Sí, esos son tiempos para recordar. Esos tiempos sí fueron buenos. (Pensativo). ¡Y la que me perdí! Lo vi todo en la cámara del circuito cerrado.

Rosa: ¿Qué parte?

Clavelio: Pues cuando empezaste a llamarla Azucena y la pobre no sabía que camino coger. La palmada en la cara fue un acto de frustración y de desahogo.

Clavelio: Entonces, ¿no la pasamos?

Rosa: ¡Claro que no! Que regrese en siete días para ver si finalmente pasa el examen práctico.

Clavelio: ¿Y qué vamos a hacer con el cuerpo de Azucena?

Rosa: No sé. La pobre tenía un gran potencial y mucho para ofrecer, pero esos ideales de libertad, de igualdad y derechos del individuo fueron los culpables de su exterminio. También se negó a abortar.

Clavelio: Bastante se lo advertimos.

Rosa: Nosotros como padres le ofrecimos lo mejor que le podíamos dar, ¿pero ella? ¡No! se tiene que poner de rebelde.

Clavelio: Lo mejor será tirar su cuerpo en el basurero como hicimos con los otros.

Rosa: Sí, eso está bien. Samuel va a estar contento.

Clavelio: Bueno, vámonos pues.

Rosa: Apagá las luces.

Clavelio: ¿Vamos al basurero en tu carro o el mío? pero antes de contestar esa pregunta, acuérdese que la última vez fuimos en el mío.

Rosa: Bueno, vamos en el mío, pero eso sí, esta vez ponemos un plástico para no manchar con sangre el piso de la maleta. Este carro sí lo voy a cuidar. Traga gasolina pero es un buen carro.

Clavelio: Bueno. (Salen del escenario y se apagan las luces).

FIN

No vuelvo a hablar

Un señor pasó hace... hace como... no me puedo acordar. Pudo haber sido ayer como pudo haber sido hace una semana... o un mes... o un año..., pero pasó por la calle vendiendo unos frasquitos; esos en los que ponen aceite de oliva y a veces ponen medicina.

El caso es que el señor vendedor, garantizaba que toda mujer que comprara y tomara su medicamento (el de la botellita azul), podría cantar en menos de cuatro semanas como María la Salvaje. También aseguraba que los hombres que compraran su poción (la de la botellita verde) y siguieran cuidadosamente las instrucciones, en menos de tres semanas estarían cantando como Gustavo el Tigrillo.

Estos dos grandes ídolos de la canción popular, en menos de dos años habían vendido más de cinco millones de LPs y CDs.

Su voz, la voz del comerciante, era prueba de los resultados de la medicina, y para comprobarlo, lo demostró en frente del grupo de curiosos. Primero, se enjuagó las cuerdas bocales con uno de esos frasquitos para aflojarlas un poco y después de hacer unos ejercicios de calentamiento, se echó una canción de El Mono León, la de alti-bajos, la que cuenta del joven que llamó por teléfono para hablar con la chica con la que tuvo amores hacía seis años y no la había vuelto a ver desde entonces y terminó descubriendo que estaba hablando con su hija, a la cual no conocía ni sabía que tenía. Esa mismita, la tan popular *Aurita no me pongas en el contestador*. Yo casi me puse a llorar ahí, en medio de la calle escuchando a ese vendedor cantar la canción. ¡Qué bien la entonó!

Yo convencida le compré los frasquitos necesarios para hacerme el tratamiento y empecé a administrarme los medicamentos bocales.

II

De ahora en adelante me propongo no volver a hablar (sheeeees). Me cansé de abrir la boca y de repetir y repetir las mismas palabras, las mismas sílabas seguidas de otras silabas y sonidos ya repetidos, ya escuchados. Las mismas orasiones kon los mismos puntos y komas. Los mismos símbolos. Todo se repite de nuevo, voces, sonidos, ideas, todo se resikla akí, entra por los oidos y termina en mi kabeza. (jaaam, klassspp, pap, pap, me, lo, gasssss neeet, toooo, nooo).

Ya me kansé de escuchar las mismas cosas en la tele, en las noticias, en las conbersasiones kon mis mejores amigas, en lo ke kantan, en las peleas, en las parejas enamoradas que se dicen "te kiero" y todo es mentiras (sheeeeee). En los moribundos, en los resien nasidos, en lo que disen las biejas shismosas, en los sermones de la iglesia, en lo que disen en la eskina, en lo que disen los que saben, y en lo que disen los ke no saben. En sus opiniones, en el presio, en la kalidad, en las promesas de kandidatos ke aspiran a puestos publikos, en lo que ba a pasar y en lo lla pasó. En las prediksiones del tiempo, en la mentira de los abogados y los candidatos. En los politikos, en mi mama y en mi papa. En lo ke dijo Grasiela y Obidio, y Llolando, y Jabier, y Elkin, y Sergio, y Martín, y Ángela, y Enrike, y Abelardo, y Alejandro, y Mateo, y los otros mushos ke konosko de nombre. Y en lo ke me dijo el doktor, el robustito ese ke biene los biernes por la tarde, me pone la mano sobre la frente, me toma el pulso, luego me toma la temperatura, la presion, me mira la pupila (siempre la deresha), me hace una kosa y la otra y a sakarme plata. Eskribalo.

Ya no kiero ablar mas. Enbes de botar mi energia en la penosa tarea de ablar y de repetir lo ya disho, lo ya escushado, boi a inbertir y dedicar toda mi energia y mi tiempo en romper el kodigo ke enbuelbe la idea del ser umano, la esistensia, el sekreto y la rason de ser.

Para mi, el ombre, el seso maskulino, esta mas adelantado en la ebolusion del serebro ke nostras las mugeres, pues abla menos, usa las kuerdas bocales menos ke la mujer y tiende a comunikarse mas con los ojos, kon gestos, kon aksiones. Ba a llegar un momento dentro de la ebolusion del ser umano en ke el lenguage ba a ser completamente obsoleto. Nos bamos a komunikar kon la mente, kon ondas telepatikas y por lo tanto solo usaremos la boka para komer, para alimentarnos, para respirar. Las bokas seran mas pekennas y perderemos mushos de los usos de la lengua y por konsiguiente de los dientes. Lo kual, algunos de los ombres ya lo an empesado a aser. Los ombres no se komunikan tanto komo las mujeres y eso inplika ke estan mas adelantados en kuestion de la ebolusion ke nosotras las mugeres. me demorare.

III

El hombre pasó tres veces aquel viernes. Primero pasó por la mañana, vendiendo los frasquitos para mejora las cuerdas vocales, para mejorar el timbre sonoro. Luego pasó vendiendo un blanqueador o limpiador, en botellas cristales en las que echan el aguardiente.

Pasó de puerta en puerta demostrando la efectividad del reluciente. Hizo circulitos con un trapo húmedo con el líquido en la pared al lado de la entrada de las casas. Su líquido limpiador levantaba toda la mugre y también un poquito de pintura. En todas las casas, donde tocó tratando de vender su producto, quedaron bolitas de limpieza al lado del marco de la puerta.

Según él, la formula para el limpiador había sido creada por un científico alemán que había trabajado para Adolfo Hitler en diferentes proyectos durante la segunda guerra mundial y, después de muchos años, descubrieron la fórmula detrás de una pintura del escritor y músico alemán Ernesto Hoffmann. El caso era que alemana, colombiana, o mexicana la invención, hacía realmente lo que el vendedor prometía, y la prueba de su efectividad quedaba ahí, en frente de los clientes en bolitas testimoniales. Yo le compré dos botellas del *Limpiatodo*.

Por la tarde, pasó vendiendo música bailable en casetes y cedés. En su colección sonora, tenía de todo y para todos, desde música de navidad, himnos nacionales, música de películas, rancheras, salsa, cumbias, grupera, boleros, tangos, guarachas, rock y mucha más. También ofrecía películas piratas y mal copiadas. Yo le compré un CD de Gustavo el Tigrillo y uno de María la Salvaje.

He oído decir que en los Estados Unidos la gente compra las cosas directamente de anuncios presentados en el televisor. Los televidentes miran un programa en la tele, creado especialmente para vender un producto. Toman su teléfono. Marcan el número que sale en pantalla, y con una tarjeta de crédito ordenan lo que acaban de ver en el televisor. También ordenan todo tipo de cachivaches directamente de las revistas, las que les llegan a montones en el correo. Los consumidores miran las páginas de las revistas y si les interesa algo, toman el teléfono, marcan el número, usan su tarjeta de crédito y ordenan lo que quieran. Eso sí es adelanto y progreso.

Nosotros aquí no estamos tan avanzados en ese campo. Aquí nos traen las cositas a nosotros, gritando a todo pulmón o tocando en la puerta, contando historias fantásticas de dictadores y artistas y dejando bolitas de limpieza en el muro de entrada.

IV

El lenguage es algo bibo, nesesita kanbiar, mutar, ebolusionar, redisennarse, reinbentarse. La nesesidad krea el uso, i kon el uso frekuente bienen los kambios. (Baaa-la-ta-la caneca, la caneca). Los berbos irregulares son irregulares porke fueron los berbos ke mas se usaron y se sigen usandos mas. Musha gente confunde esa nesesidad kon la ignoransia, no, ese no es el kaso, todo el mundo hace parte de ese desarrollo, de esa ebolusion de la lengua, la kual esta estreshamente ligada kon la ebolusion de la mente umana, kon la kultuta, con la sibilisasion.

Seria algo inpresionante poder espresar todo lo disho i por desir en una pagina, en un parrafo, en una frase, en una linea, en una palabra. Ke solo se tenga ke desir una palabra i ke esa sea nesesaria para komunikarlo todo. Una palabra kapas de espresar los sentimientos, el amor, los odios, la mentira, los suennos, las pesadillas, las ambisiones, los deseos, los renkores, las ansias, las desilusiones i los dolores, sabiendo que lo espresado no dura.

Intentamos unibersalisar la lengua al krear el esperanto, pero eso no tubo esito pues no esistia la bolunta de las nasiones. Egoismo digo yo, el deseo de no kambiar para el benefisio de todos.

Ke interesante seria poder espresarlo todo en una palabar. Todos los sentimiento sentidos y por sentir krusando barreras territoriales, barreras linwisticas, barreras politikas. Ke todas las dudas e inseguridades se puedan espresar en esa palabra para no tener ke desir nada mas, para desirla una bes i eso sea todo, ke no mas, ke nada mas se deba desir o annadir, ke no mas klarifikasiones o esplikasiones sean nesesarias. La palabra disha es final i esa fue mi respuesta o mi pregunta o mi pensar o mi idea o mi ipinión o mis sentimientos. La palabra es entonces la berdad pues la palabra de por si tiene poder, fuersa, tiene un balor, tiene signifikado.

Pero la palabra ke busko tiene ke tenerlo todo. Tiene ke ser una palabra en la ke se pueda ekspresar el prinsipio i el fin i todo en la mitad. Una palabra ke sea la respuesta a las preguntas inesplikables de la bida i para las kuales no ai respuesta alguna. Una palabra para nombrar las kosas no deskubiertas i las lla deskubiertas i ke nesesiten un nonbre nuebo. Una palabra para las kosas o okasiones o esperiensias ke no keremos rekordar (mentiras, puras mentiras, engannos). Una palabra unibersal que reemplase todo el bokabulario de todas las nasiones i de todas las diferentes lenguas del mundo.

Por eso es ke no kiero ablar mas, solo ago sonidos raros i tuerso mis labios i me babeo kada bes ke me asen preguntas tontas. Por eso es ke muebo mi kabesa asia el lado iskierdo mientras lebanto el ombro deresho y trato de tokar la oreja asiendo sonidos estrannos mientras sierro los ojos. La enfermera ke me atiende kree ke no tengo remedio. Llo me rio por adentro de ella. No kiero bolber a ablar asta ke no encuentre esa palabra ke lo comunike todo, ke lo diga todo.

aaaaiiiiii no mas lo nuestro debe. mentiras, engannos, buscando a otra andabas mui... puputuuutu, puputuuuutu, pin, pin, pin, taan, taan, taan.

V

Empecé a hacerme el tratamiento de la voz. Según las instrucciones del frasquito, necesito sacar tres goteras con el gotero y mezclarlas en un vaso con agua. Puedo usar el mismo goterero o una cuchara para revolver la mezcla. Yo prefiero usar el gotero para ensuciar menos.

El secreto del tratamiento está en hacer gárgaras por un minuto, empezar a cantar ejercicios con el do-re-mi-fa-so-la-si por tres minutos y repetir el proceso tres veces con veinte segundos de descanso entre repetidas. Después de eso, se debe empezar a cantar una canción, y se canta la misma canción tres veces. El autor no importa, pero yo opté por cantar *Amor no te vayas* de María la Salvaje. Me encanta esa canción no solo por la historia de amor que cuenta pero también por esa voz ronca que usa al llegar a la parte en que sabe que su amor se va con otra y no va a poder remediar su partida. Esa canción me parte el corazón porque en cierta forma me lo toca. Cuenta exactamente por lo que estoy pasando, y eso pues es lo que me conecta con la canción. Esa experiencia de la que canta la Salvaje me pasó a mi hace poco y por más que lo intento no lo he podido olvidar. Casi todos los días pienso en él una y otra vez. En todo lo que hago, a donde vaya y con quien esté, él está allí. Escuche la canción para que vea que sí tiene sentido:

> Días pasados, recuerdos compartidos
> Como un sueño, hoy pesadillas son
> Pero siempre allí tú, como una sombra
> que sigue a mi alma, como tinieblas

tu rostro aquí presente, le robas lágrimas
y suspiros a mi alma que sola está.

¡Qué belleza de canción! Ahí, en esa estrofa se canta precisamente lo
que estoy sintiendo y por lo que estoy pasando en este momento. María
la Salvaje, eres mi ídolo, ¡te adoro, reinita linda!

VI

Ya enkontre uno de los tres primeros sonidos ke me propongo
krear. El sonido es inportante pues lo fonetiko esistio y esiste antes de
lo eskrito, e inkluso antes de lo kreado. (mas o menos ya). Es berdad
que la palabra eskrita es despues de todo, una grabasion limitada, una
aproksimasion simbólika y bien erronea de lo disho.

En la mente enpiesa el proseso komunikatibo kon una imagen,
emosion, esperiensia, o kualquier otra kosa. luego esa imagen o idea
se trasmite es desir es tradusida al abla i del abla al papel en donde
finalmente toma lugar otra traduksion. (ke pasa, ke kiero jugar todo el
dia). simbolos mentales pasan a simbolos sonoros i estos pasan a ser
simbolos eskritos.

Los kambios i alterasiones ke se dan en una lengua enpiesan
foneticamente, es desir kon los sonidos (lo tuyo es un enganno). I klaro,
esos sonidos kon el tiempo se an esho mas kortos i mas kortos. Yo le e
dado un monton de bueltas al asunto en mi kabesa. Mi plan konsistio y
basado en lo ke akabo de desir, enpiese kon un parrafo, kon lo general,
kon el monton, kon lo sugetibo. (ya, ya, ya shiki, shiki, shiki). Luego lo
kondense a unas dos o tres orasiones i de las orasiones a unas kuantas
palabras. I finalmente la redusire a unas kuantas palabras para terminar
kon lo ideal. Esa palabra final es más en realidad un solo sonido esho de
pekennos sonidos i ban a tener una duración de tres tiempo, lo alargo
kon el fin de espresarlo todo, de darle mas significado. El sonido inicial
es komo una pekenna introdusion a la magestuosidad de lo ke biene,
nombres de kosas, konbersasiones, okurrensias. (tiriiiii i tiriiiii). i de las
palabras a unos kuantas silabas i de las silabas a unos sonidos.

Mi sonido no se podra eskribir pues eso inplikaria otra
traduksion de la idea ke esta en mi mente. El sonido es una
aproksimasion sinkronisada y pura de lo ideal, de akeyo ke esiste aki, en
mi kabesa (no me agas mas danno).

las palabras dentro de una orasion no tienen un solo sentido o
signifikado. las palabras asen parte de la orasion. la palabras dentro de
una orasion, akieren un sentido espesifiko de akuerdo a su relaksion

kon otras palabras, con el tiempo berbal, e inkluso kon las ekspresiones faksiales del komunicador. kuanto se trata de lo eskrito, las orasiones asen parte del parrafo, i este ase parte de las paginas ke forman el libro.

es el reseptor el ke eskoge el signifikado espesifiko de lo ke lee o de lo ke se dise para krear un kontesto o formar el mensage, el kual se relasiona kon una idea espesifika. la komunikasion se da entonses a trabes de simbolos sonoros, eskritos i de gestos o sennales fisikas.

tradusir palabra por palabara es separar la idea intensionada del signifikado, separar el mesage en partikulas sin ningun signifikado, sin balor alguno. por ejemplo: una roka deja de ser roka al romperse y bolberse a romper. despues de repetir este proseso, la roka deja de ser una roka y se conbierte en arena i la arena se puede conbertir en polbo o talco. la orasion debe mantener su identidad la kual se enkuentra en su signifikado dentro del konteksto.

aki biene el dotorsito a molestarme otra bes, a kitarle bentaja a todo el adelanto ke e esho.
_-¿i uste komo sige oi?- me pregunta komo si llo le fuera a kontestar. yo no tengo tiempo para esas bobadas. yo no tengo tiempo para pasar prosesando palabras sin sentido, palabras ke se an disho antes, ke ya se an usado. no seria algo interesante ablar kada ves kon algo nuebo, aser diferentes preguntas i kontestarlas kon diferentes respuestas. klaro que eso no se puede aser oi en dia i musho menos kon el tipo de serebro ke tenemos.

a mi no me gustan los doktores, nunka me an gustado. matarifes legalisados. porke tienen un titulo se konbierten en la autoridad en los dioses de los enfermos, pues la opinion de un doktor se respeta mas que la de cualkier otra persona. un mediko se estima mas que una persona con un doktorado en filosofia, a pesar de ke el filosofo fue a la unibersida i estudio por mushos mas annos que el mediko.

—kontssteme onbre. yo no puedo hacer nada sin su informasion. lo uniko ke puedo aser es dianostikar basado en las leturas de las bitales ke tomo. ¿a tenido dolor de kabesa o algn otro dolor ltimamente?- no le kontesto, bolteo la kabesa para el otro lado y lo ignoro. me toma la temperatura, me toma el pulso (siempre la mano deresha), y me puso su mano sofre la frente.

VII

Hay varios tipos de vendedores: aquellos que tocan en la puerta de la casa (pues tienen que hacer contacto directo con el cliente) y quieren vender algo que usted no necesita. Ellos quieren vender directamente su producto, tienen que convencer y demostrar que lo que tienen es necesario y que la vida de los consumidores va a mejorar con lo que ofrecen, generalmente eso no es así. Otro tipo de comerciante es el que pasa por la calle anunciando a todo pulmón lo que tiene y lo que usted probablemente necesita. Éste tipo de vendedor ofrece frutas, comida, verduras, etc. El tercer tipo de vendedor es una mezcla del primero y del segundo, pues a veces toca en las puertas ofreciendo sus servicios como lo hace el afilador de cuchillos, tijeras, el que hace trabajos de soldadura en las casas, etc. Caen en este grupo aquellos que se especializan en jardinería, o trabajos de costurera. También los electricistas, plomeros, etc. Todos ellos pueden ir directamente a su puerta ofreciendo sus especialidades o pueden pasar por la vía anunciando lo que hacen.

El grito del mercader de aguacates es quizás el más irritante y áspero de todos los vendedores que pasan por la calle. Es un grito largo y sin ningún tono agradable, y grita todo desafinado "a - gua - ca - te" y le sigue a ese primer grito dos aguacates rápidos, "aguacate, aguacate" y le añade "dos por dos y cinco por cuatro". Cuando escucho el canto "a - gua - ca -te, aguacate, aguacate" me imagino algo carrasposo, con barros y espinillas, oscuro, agrio y duro y algo más oscuro y duro en el centro.

VIII

ya enkontre tres de los sonidos ke kreo, ban a ser los ke nesesito. esos ban a ser los sonidos ke pueden espresarlo, desirlo todo. El primer sonido es algo asi komo el de la "a". (asta mi bida, golpes en el corason). escoji el sonido paresido al de la "a" por ser la primera, la ke yeba la bentaja, la ke sienpre ba al frente, es la bocal lider i libre. "a" es komo la letra madre, femenina, la enjendradora de las otras bocales, la creadora, la ke amamanta. la "a" tiene personalidad, gosa de liderasgo, karater, fuersa, pugansa, es ademas laboriosa, anda por todos lados i kon todos se lleba bien. es neutral cuando le toca y guerrera kuando tiene ke lushar. la "a" sola podría esistir en un mundo fonetico de aislamiento total, de soleda i de basido en donde otros sonidos la buskarian a ella ai solita en un mundo de mudos. (solo me a esho sufrir, aruinaste me bida). la "a" en un lugar de esterilidad krea fertilidad. la "a" tiene golpe, fuersa, pues suena i se acaba, es brusca i desidida, estable i bien balanseada. la "a" no nesesita de otras letras o bocales para sobrebibir pues ella sola es la reina i se rei de todas las otras letras y bocales pero no intensionadamente sino porke eso es parte de su personalidad festiba (a la "a" la encontramos al lado de "ja, ja, ja"). la "a" es una diosa entre diosas y debe de ser, sino la primera en mi kreasion, tener influencia en mi "quest" por perfeksion, en mi buskeda por lo original i uniko, por lo unibersal.

tengo KE deskansar, dejar ke μi mente solo piense en LA "a", su
sonido, su forma de pájaro senTado, mirando, buskando, obserBando i
listo para emprender el buelo i kantar kreando asi otRos sonidos nu©ka
antes eskushados, nuebos, birgenes, resieN nasidos i libres de llegar asta
los mas apretados i pekeños rinKones del ¬undo.

∏l sonido aprosimado a la "å", la "a" te enkontre "å".

IX

El que ofrece los tomates no tiene un canto tan fastidioso como
el de los aguacates, su canto es dulce y sonante. El tomatero le pone
un buen tono a su producto y da la impresión de que ama lo que vende.
Cuando escucho al pregonero de los tomates asocio su canto con algo
dulce, suave, entre rojo y rosado, firme, jugoso y redondo. Siempre le
compro una bolsa que es como cuatro libras y trae como unos siete
tomates.

Otro vendedor que he notado y que pasa cada mes y medio
sin fallar, es el de escobas, que canta una canción muy interesante que
empieza con "escobas y trapeadoras" con un acentito de maestro de
ceremonias y continúa con "para las damas que limpian y mantienen sus
casas. No deje que el polvo o la mugre se apodere... de lo que es suyo.
Escobas y trapeadoras Amazonas, salvajes como el río". Le compro una
escoba cada tres meses.

Los otros que pasan ofreciendo cosas, no cantan tan
agradablemente. Ellos usan unos pititos o cornetitas que lo único que
hacen es ruido con la intención de llamar la atención de la vecindad y
sacarnos a la calle para ver cual es la algarabía. El truco para no salir a
la vía cada vez que suene un pito o trompeta, es identificar y asociar el
sonido o ruido con el producto que venden.

X

el otro so-niDo es un sinʃolo, me-dio kono-sido por Nos-otros, es
dos simbo-los juntos formando Uno so-lo so-ni-do i una Íi-la-ba. es Como una meS-kla del sin-bo-lo de in-te-Ro-ga-sion î un pa-ren-Te-s-is. d-
on-de es-taras)? es di-fisil de pro-nunsiar, Pero no imPosible. el simbolo
de pre-gunatas tiene ke Ser par-te de la inbariable pues preguntaS se
aran. el so-nido del parent-esis es algo asi komo el ke Åse un nudo al
soltarse, aisla y libera, es mu-Do, sin re-sonansia, in-plica algo ke no se
kiere de-sir direta-mente y Se tiene ke mer-mar la be-Losidad de lo Ke se
kiere en-biar, el mensage≥

102

estos Dos sonidos Son in-portantes pues unidos al del "å"
forman kasi ke un enlase Kon...
oi los pajaros kantar konmigo no kedar en Ti sin historia sin gloria,
sentimientos guardian. no mi kuerpo entero, noshe a noshe en el likor,
esperansa en el amor. kisas kuando buelba ya todo no mas. pasion,
konmigo. boca enamorada, aki konmigo. no puedo. a tu lado. otro dia
sera tu amante esclabo. tristesa, sufrimiento, pensar, matarme dolor ke
tango adentro, funnuumii, funnnuuumii, no me kastiges. no dijo nada.
si te amaba, sin desir nada. regresa pronto, kiero ke tu buelbas. dolor
adentro. aaaaaiiiii, aaaaaiiii. te beo benir en la distansia, kalor, sonidos,
interior, realidad. bolber. sonar otro dia ser. laa laaa raaaiiiraaa. flaco,
ombre, te abro las puertas de mi alma i las de mi corason.

la luna me yama, me enganna, ai nada. me beo otro dia sera
aire, todo el mundo nesesita, no lo aguanta. kien no eso,
alguien, mirada deboradora, tu å?)7&8*

Las Mocosas

"Lo último que me comí fue un tigre, un elefante y un búho.
Todos saben igual, a harina. Comí hasta que no pude más. Me tuve que
soltar uno de los botones de los pantalones y tomar dos vasos de agua
para enjuagar la masa que se estaba formando en la garganta. Casi nunca
tomo agua. El agua no me gusta, no tiene sabor. Tomar agua es como
embucharse la boca de aire mojado. Sólo la tomo cuando tengo sed y
cuando no hay nada más para tomar, de resto... únicamente la uso para
bañarme. Las galletitas de animales de verdad que me gustan, no son
dulces ni simples y pensándolo bien no tienen ningún sabor. ¿Qué será lo
que hace que sean buenas o mejor dicho, tan provocativas? Creo que
sería justo compararlas con el arroz chino, el cual es todo blanco y
desabrido, pegotudo y sin sabor pero por algún motivo desconocido,
gusta al paladar humano como las galletitas de animales. ¿Qué será lo
bueno de algo sin sabor?" Estuve esperando su llamada por más de dos
semanas, me acostaba pensando en mil excusas por las cuales no me
había llamado y todas las noches pensaba que el día siguiente sería el día
que le iba a hablar. Así pasaron catorce días. Nada. Ni una carta para
contarme que se había enamorado y que en vez de amarme me estaba
empezando a odiar por ser aquel que acechaba sus pensamientos, sus
recuerdos, su pasado. Creía que su rencor por mí comenzaba a crecer
como los huecos que hacen las hormigas bajo tierra que sólo muestran
un morrito de arena amontonada en la boca de la cueva que están
formando mientras que por dentro se van formando pasillos que se
despliegan en los lugares más profundos de la oscuridad. Así como esos
laberintos subterráneos debería de ser el odio que sentía por mí. ¿Por qué
me tuve que enamorar de ella? ¿Por qué de ella? ¿Por qué no
enamorarme de Adriana o de Claudia, de Esperanza o de Raquel? Nadie

sabe la respuesta. Hay cosas en la vida que ni el que las hace las sabe. Yo, la verdad es que no soy un santo y no creo que llegaré a serlo (a lo mejor por eso fue que me dejó de amar y ahora Diosito lindo me está cobrando todas las cagadas que hice). Tampoco voy a misa o rezo con frecuencia pero cuando era niño me gustaba ir a la iglesia a rezar e incluso fui monaguillo. "Fui monaguillo por más de un año en la iglesia del Verbo Divino pero también me gustaban las diabluras, estar en peligro y hacer maldades sin sentido. Mario, Januario y yo, nos robábamos las hostias que guardaban en la sacristía y nos las comíamos con leche condensada en la cripta de la iglesia. Además, a veces acabábamos con el vino misal y los curas tenían que usar Coca-Cola o agua durante el sacrificio de la Eucaristía para hacerle creer a la congregación que estaban sirviendo vino, el cual como es sabido, representa la sangre de Cristo y en estos casos la del capitalismo. El padre Campuzano, que era el párroco de la iglesia en esos años, no nos despedía pues por un lado no había quien nos reemplazara y por el otro, creo yo, que nos veía como un reto enviado por el demonio. Así bien pues que nos aguantaba paciente y hasta angelicalmente." Quizás por eso es que ahora me está castigando la Tere. "Así, así como las obleas es que saben las galletitas de animales. Se llenan de saliva, se humedecen y poco a poco comienza a disolverse en la boca. Ahora, con el arroz chino no se pueden hacer esas cosas." No lo creo, ella es muy buena y no sabía de esas travesuras de niño, ni tampoco sabía de las pelas que me daba mi papá por pegarles a todos los muchachos de mi edad en el barrio. Al único que no le podía ganar era al negrito Ñembó, ese si era más problemático que yo y nunca se enderezó. Cada vez peor y más torcido. Bien decía mi abuelita que: árbol que nace torcido nunca endereza. "Yo me mantenía peleando. Casi no tenía amigos y los pocos que tenía decían ser mis amigos por puro respeto, esa es la verdad. No sé por qué pero siempre he sido así, peleador y problemático." Ahora la Tere no me quiere y lo peor de todo es que está en otro pueblo. Si al menos la pudiera ver o conversarle, a lo mejor le podría cambiar de parecer. Me le declararía y le diría: "la avena que me daba una señora, de la cual no recuerdo su nombre ni su cara, era bien buena. De la señora sólo la veo en mi mente como una sombra cubierta de un manto negro. Esa avena sí que era buena. Dos veces fui a la casa de esa señora cuando era niño a recoger unos sobrados para los marranos de mi tía y esas dos veces vi a la misma viejita animada y solita viviendo en esa casa medio caída. Nos ofreció avena por ser la única cosa que tenía. Únicamente comí esa avena dos veces y todavía recuerdo su sabor. En mi parecer no fue sólo la avena, tuvo qué haber algo más que dejó marcada en mi memoria esa experiencia. Una cosa sí es segura, nunca en mi vida he comido avena así ¿Qué sería lo que le puso a esa avena?" Tere, te quiero mucho. Creo lo sabes de sobra. Sabes muy bien que no puedo vivir sin ti. Cuando estás conmigo soy una persona diferente. Tos ojos, tus labios, tú cara, tus cabellos, todo lo tuyo me vuelve loco y no sólo eso pero muchas cosas más y es por estas razones que me quiero casar contigo. Ella posiblemente me diría sin mirarme a los ojos "no" y yo saldría de allí en busca de su enamorado. "Todavía tengo uno de los cuchillos a los que Orlando le hizo la cacha y ese nunca me deja libre ni un minuto. Me encontré la cuchilla en uno de los talleres de La Treinta, esos que están por el lado de la canalización. José el bizco, me dijo donde las botaban. Fui una tarde y después de andar por más de dos horas las encontré. Se las mostré a Orlando y le propuse el negocio de hacerles cachas para venderlos. Él se negó con el pretexto de que lo podían echar del trabajo. Terminé regalándole todas las cuchillas con tal que le hiciera la cacha a dos. Al hombre le pareció un buen cambalache, a mi me pareció una tumbada. Pero qué se va a hacer. Mejor es dos pájaros en mano que diez volando. Fuera de eso, esos dos pájaros no me costaron nada." Me acuerdo del día en que ella y yo nos conocimos en el barrio. Se acababan de mudar de Apartadó y se pasaron a vivir dos casas abajo en la misma cuadra de nosotros. Estaba yo estudiando geografía cuando llegó Alberto a contarme que alguien se estaba pasando para la casa de los Chinos. Le pregunté que si habían muchachos de nuestra edad en la familia, él me dijo que no, sólo dos muchachas de la edad de mi hermana. Una de ellas era Tere y la otra era su hermana mayor quien resultó ser tan peleadora como el negro Ñembó. Al principio no las dejaban salir a la calle pero con el tiempo se hicieron amigas de mi hermana y luego de las Garzones y más tarde de las Ochoas y terminaron siendo tan callejeras como todas las de la cuadra. Inicialmente, Tere no me llamaba mucho la atención, es más, yo fui el que apodó a Tere y a su hermana "Las Mocosas," por haber salido a hacerle un mandado en uno de esos días en que no debieron de salir con gripa y pasar frente a nosotros, los de la gallada. Yo fui el primero en decirles: límpiense esos mocos niñas que ya no andan en pañales. Por supuesto que lo dije en un tono caballeresco pero lo que dañó el atentado burlesco fue mi voz de adolescente, la cual al dejar escapar el gallito alto de mi masculinidad, le dio motivo a Olga (que no se podía quedar callada), de responder con una lista léxica de cochinadas. Trató de hacerme caer en ridículo frente a mis amigos. Abrió su boca y empezó a decirme un reguero de groserías y en el primer descanso que tuvo le dije "¿ya terminó mocosa?" inmediatamente soltaron la carcajada los pocos presentes y con eso, quedaron bautizadas. "No sabía de los beneficios que el cuchillo me iba a traer. La primera persona que atraqué fue por el lado de la Treinta y Tres y la Sesenta y Cinco al pie de la bomba. Ese era mi lugar preferido para hacer mis fechorías. Empecé a estudiar y a desarrollar un plan para bajar de pinta a algunos de los trabajadores de las "Bodegas Ley." La mejor hora era la de la mañana, antes de que amaneciera y así fue como me pillé la primera víctima. Venía caminando, vestido con el overol azul y una bolsa plástica bajo el brazo." No sé por qué la extraño tanto, es como si algo maligno se hubiera apoderado de mí, es como si yo estuviera enyerbado o algo por el estilo. Salgo a caminar al cerro dizque para distraerme pero lo único que consigo es extrañarla más y más. ¡Qué jodienda en la que me encuentro! Como me gustaría ver su rostro de niña durmiente, de poderla mirar nuevamente. ¿Por qué tuve que romper la foto de ella? era la única foto que tenía y los sacrificios por los que tuve que pasar para podérmela robar. Lo interesante de esa foto es que cuando ella se dio cuenta que yo la tenía no dijo nada. Pretendió enojarse pero pude leer en sus ojos que se llenaba de orgullo, porque tenía un hombre que la quería toda para él y estaba loco de amor por ella. "Lo esperé en la oscuridad del puente de la Sesenta y Cinco y cuando estaba al alcance, saqué el puñal y le hablé en forma fría y con voz de maleante. El pobre casi se caga en los pantalones. Empezó a suplicar y a rogar por su vida, que no lo matara, que tenía familia, esposa y no sé que otras cosas. Pa' Diosito lindo que me dio pesar del hombre y únicamente le quité la billetera y el paquete de cigarrillos que tenía en el bolsillo del frente. En esa atracada me saqué más de cien mil pesos. El tipo ese debería de llevar más plata ya que era semana de quincena, pero el hombre me salió con la disculpa de que la mujer era la que manejaba las cuentas en la casa. Me tuve que contentar con los cien mil." Siempre la llevaba en la billetera, era una foto a blanco y negro de las que se sacan para el carné estudiantil, mejor dicho un poncherazo sin mucho cuento pero se veía bien linda con sus ojos bien grandes, negros y casi achinaditos. También se veían esas pestañas largas y encrespadas que llamaban tanto la atención. De sus labios ni hablar, dejaban escapar una sonrisa sincera y bondadosa y dejaban ver esos dientes parejitos y blancos. Pero lo que más me gustaba de sus labios era ese lunar que tenía. Yo casi no he visto labios con lunares y los pocos lunares que he visto en los labios son grandes y abultados, es casi como un defecto, pero el de Tere era pequeño y provocativo y en la foto que tenía se podía ver claramente el lunarcito que me dio. ¡Esos labios! Cómo me muero por poderlos besar tan solo una vez, una vez más. Maldita sea, ni su foto tengo para besar. El papá celaba a Las Mocosas mucho, no les permitía que conversaran con hombres o salieran a la calle, pero la mamá de ellas era otra cosa distinta. Cuando el papá se marchaba en sus viajes, lo cual hacía frecuentemente, les daba rienda suelta a Olga y a Tere para que disfrutaran antes de que viniera el viejo y las encerrara. En contadas ocasiones las golpeó y cuando volvía pasado de copas le daba por quebrar ventanas y tirar los muebles por el balcón de la casa. El hombre era bien parecido y pinta, con tremenda melena de cantante argentino. Tenía un bigotazo que lo envidiábamos todos los muchachos de la cuadra y se veía más joven que la mamá de Tere. Según enredos, él se casó por interés pero ¿interés de qué? si en la familia de doña Florida no hay sino campesinos. "¿Cuál era el nombre de esa perrita que tenía? He tenido tantas que ni me acuerdo del nombre ¿Callejera? No, no era la Callejera.

¿Cómo era que se llamaba...? Ya, ¡La Ore! Su nombre completo era Orejinegra por tener manchas negras y blancas y una de sus orejas tenía ambos colores. ¿Qué raza? no se sabía ni nos preocupamos por averiguarlo. La verdad es que todos la querían bastante en el barrio, desde Chucho el carnicero hasta Camaján el bazuquero de la cuadra. A veces se le veía con el uno y después con el otro y a veces la adoptaba el otro por uno o dos días. A veces iba yo a jugar fútbol a la Unidad Deportiva y allí me la encontraba ladrando y mordiendo la fruta de un mango. Era bien obediente la perrita Ore, pero callejera como ella misma. Así creo que soy yo, a diferencia de que nadie me quiere pero todos me respetan." Hace bastante tiempo que no converso con ella. Mi hermana y Tere eran buenas amigas, tan buenas amigas eran que a mi hermana no le gustaba que Tere y yo fuéramos buenos amigos. Empezamos a salir juntos dos años después de que se pasaron a vivir a Nutibara, tendría yo unos diez y seis años. Yo era un poco tímido alrededor de las mujeres, sólo me llenaba de valentía para acercármeles cuando habían otros hombres de mi edad, de resto de lejitos y con Teresa no fue la excepción. Víctor Hugo fue el primero que empezó a visitar a las mocosas. Le gustaba Olga y en mi opinión, Olga era hasta bonita cuando no se ponía de bravera y alzada. "La Ore también pagó el pato por ser tan aviona. Esa perrita no se quedaba quieta ni un segundo, se mantenía de un lado para el otro husmeando, oliendo y analizándolo todo. Tenía que meter la nariz en todos los lugares. Un día, en que me había comprado un pedazo de carne en la carnicería de don Juan y después de haberla aliñado lo más de bien, con sal y cebolla y haberla machacado con la piedra de la cocina, la dejé en la mesa en un plato por un rato para que se le metiera el sabor. Me salí para el patio de atrás para fumarme un Imperial y cuando lo terminé volví para fritar la carne. Inmediatamente descubrí que la putica Ore se la había comido. Ahí mismo saqué el cuchillo y la cogí a puñaladas, una encima de la otra hasta que dejó de mover la cola. Más tarde la enterré en el patio de atrás al lado del mango. Hoy es el día que me siguen preguntando por la Ore y yo les digo que no me hablen de ella y continúo diciendo que es una perra desgraciada que prefirió marcharse con otro en lugar de quedarse en casa. También les digo que a mí me da lo mismo que esté viva o muerta." Víctor Hugo necesitaba un amigo que lo acompañara a *marcar tarjeta*, pero por no tener mucha experiencia con las mujeres me rogaba que fuera con él como si yo fuera el tenaz en cuestiones femeninas. Lo que él quería era que yo los hiciera reír o al menos tratara de hacer conversa. El negocio era que Víctor me tenía que comprar una Colombiana con rollo y salchichón, de resto no iba. ¡Mario, usted si que es charro! —decía la Tere una y otra vez y yo claro más chistes les echaba. Llegué al punto de aprenderme más de cien chistes y payasadas para entretenerlos la noche entera, bueno, no exactamente la noche entera pero una o dos horas y como había que mantener el repertorio fresco y variado terminé aprendiendo todos esos cuentos. Tere y yo nos fuimos volviendo buenos amigos. Empezamos a jugar básquetbol juntos, íbamos a misa al Verbo Divino los domingos y algunas veces caminaba con ella hasta la puerta del Femenino. Lo interesante de esta caminada era que al acercarnos al Femenino su personalidad empezaba a cambiar y se volvía fría y seria. Daba respuestas cortas a mis preguntas y cuando llegábamos a la puerta decía en forma seca y corta "bueno, nos vemos" y se entraba. Yo me volvía jurando no volverla a llevar pero dos semanas más tarde caía en la misma trampa para repetir las mismas maldiciones en mi viaje de regreso. "Y volví a atracar una y otra vez protegido por la oscuridad de la noche y cada vez me volví más rudo y violento con mis víctimas. Si no tenían nada de valor para entregar les pegaba una puñalada para que aprendieran a andar con plata en los bolsillos y si se ponían bravos porque les quitaba unos cuantos centavos, les metía dos puñaladas para bajarles esos bríos. Después de diez meses en el negocio conocí a Gatillo y fue con él que me conseguí mi primer revólver. La ventaja del revólver es que para matar a alguien no es necesario estar al pie de la persona. Desde lejos los puede bajar con un dedo, además con un mazo lo respetan a uno más. Nadie se mete con uno, es como si uno adquiriera una personalidad y un aliado totalmente nuevo." Las únicas veces que pude entrar a su casa a visitarla era cuando su papá se encontraba haciendo sus negocios o andaba de viaje. Don Amado las castigaba por cualquier cosa y eso se sabía en todo el barrio. Eso no me gustaba nada, en especial cuando les pegaba en mi presencia y fuera de eso tenía la cara de decirme — ¿Y usted que mira culicagado, quiere que le dé a usted también? "Yo nunca me le he mareado a nadie, siempre le he dado a las cosas por delante. Nunca me le he quitado a nada y cuando resulta pelea, ahí me ven, parado como un gallo de pelea, listo para dar duro o que me den duro pero nada de retroceder." Una vez que don Amado estaba supuesto a estar en una de sus correrías, lo vi sin camisa en Lovaina cerca de la "Cueva del Oso" abrazando a una puta y ésta le daba besitos en el cuello. Yo pasaba en un bus de Circular después de salir de clases del Liceo Antioqueño. Al principio creí que debería de ser otro hombre muy parecido al papá de Tere, pero no, era él con su cicatriz en la barbilla, sus manos velludas y la melena de cantante argentino. "Si sólo la Tere se enterara que yo fui el que le dio plomo a su papá, ¿qué diría? Todo fue un negocio. Gatillo me vino con el cuento de que necesitaba a un sicario para que se bajara a un tipo de Nutibara que estaba durmiendo con la mujer de un fuerte del Poblado. Yo le dije que yo podía hacer el trabajo. ¿Por qué no? Qué me iba a poner yo a darle el trabajo a otro güevón de San Pablo o del Barrio Antioquia sabiendo que yo necesitaba la plata. Tenía el arma para hacer el trabajo y además nadie se iba a dar cuenta que había sido yo el que bajó al papá de la Tere. Fuera de eso el viejo no me caía bien." Dos días más tarde lo encontraron muerto de dos tiros en la cabeza bajo el puente de la Treinta y Tres y la

Sesenta y Cinco. Yo oí los tiros temprano en la mañana. A lo mejor lo iban a atracar y por ponerse de muy machito le dieron bala. Se escucharon rumores en el barrio que lo habían matado porque le debía plata a uno de sus socios, pero son sólo rumores. Después de la muerte del viejo, Tere, Olga y doña Florida se volvieron a vivir a Apartadó con el abuelo y desde entonces no la he visto, ni he hablado con ella, ni me ha escrito y yo la sigo extrañando como siempre lo he hecho. ¿Por qué tuve que romper su foto? ¿Por qué?

La he visto

Vagando.

Una noche de verano, en penas de amores pasados.

Vagando.

Al nido añorado de mí amada, muy triste llegué.
Apartamento número seis, localizado en aquella casa vieja y blanca que
el tiempo olvidó destruir y el que en tiempos pasados albergó nuestro
amor, hoy tan solo ofrece la desolación del silencio, la oscuridad y el
desprecio de la amada de mi corazón.
Callado me puse a contemplar su imagen de diosa a través de la ventana
de cristal, cuyo marco lentamente ha sido carcomido por años pasados.
Finalmente y después de algún rato, ella notó extraña figura en la
oscuridad de la noche e inmediatamente preguntó:
-¿Quién anda ahí?
Le respondí:
-Soy yo, ¡Fernando!
Con su cara de niña, sus ojos grandes y esmeralda, sus cabellos tiernos,
oscuros y refrescantes como la fría brisa de verano y con su sonrisa
amplia y juguetona contestó:
-¡Oh! Fernando-y la espalda me dio.
¡La vi!

Luego, la ventana cerró, la luz apagó y con esto, el silencio a mi corazón
volvió. La oscuridad cubrió todo, y también mi alma.
Tan solo la lámpara solitaria que alumbra callada la negra noche, deja
escapar los parches de luz que se fugan sin ningún sentido y que se
chocan torpemente contra las blancas paredes de la casa. Es la luz que
se filtra a través de las hojas del viejo roble que se alza majestuoso
negándose a morir. Y es así, que solo he quedado mirando a su ventana.

Apartamento número seis parece que inhabitado está. Todo en su interior oscuro se ve.

Vagando empieza mi mente a pensar. ¿Acerca de qué?

No lo sé, vagando andaba.

Tan solo el saber que allí se encuentra, me conforta.

El saber que la vi, me alegra.

El saber que mi nombre no olvida, me llena de esperanzas.

Sí, esperanzas por las que sólo vivo.

Esperanzas sin sentido porque ella nunca, jamás mía volverá a ser.

Vagando, mi retirada he emprendido y mis pasos marcados quedan sobre la arena movediza que la casa rodea.

Apartamento número seis.

Continúa vagando en mi mente que de poeta no es, lo veo por doquier, vacío, con ecos profundos, con oscuras memorias y sin un alma para alojar.

Sin darme cuenta, mi vago corazón contento estaba.

¿Por qué me preguntas?

La repuesta es clara y sencilla "la he visto... y mi nombre pronunció."

El helicóptero

De la historia me acuerdo muy bien, me la contó muchas veces mi abuelo materno, Marco. Eso hace ya muchos años en casi todas las tardes de verano en las que salíamos a caminar al cerro Nutibara con Pango, Memo el hijo de don Félix, Luisgui, Oscar y yo. Escuché sus historias tantas veces, que yo mismo le tenía que recordar en detalle los sucesos de los cuentos que me había contado para que no perdiera el hilo de la narración. Había unos cuentos que me sabía mejor que él. He tratado de acordarme de este cuento de la mejor forma posible pero algunos de los detalles se esfuman de mi memoria así como se evaporaron en aquellos años de la memoria de mi abuelo.

Todo empezó allí, en el fantástico pueblo que se llenaba de fiesta y se vestía de gala en la mañana fresca de un sábado. Era el día que el candidato conservador y aspirante a la presidencial de la república venía a visitar el pequeño y olvidado pueblo de Antriño.

Muchas personas de renombre y de importancia en la historia nacional pasaron por este pueblo, pero ninguno había pasado en busca de votos. Unos vinieron en busca de voluntarios en la Guerra de la Independencia, otros en busca de una mejor salud, otros para hacerse ricos y hoy, el candidato conservador iba a hacer una corta parada, llenar el tanque de su helicóptero con combustible, dar un discurso de cinco minutos, palmotearle la espalda a los líderes conservadores de Antriño y largarse rumbo al páramo a sonsacar votos con promesas de reformas agrarias y un mejor mañana para todos.

Las calles las habían estado barriendo desde la noche anterior los pocos voluntarios que los policías costeños habían podido conseguir en las esporádicas batidas en los bares de Tarro Liso y en las tiendas del barrio de Cristo Rey. Eran pocos pero se movían como hormigas. Rastrillaban el piso con las escobas de brujas que aromatizaban las angostas calles con el olor de estiércol fresco.

Era fácil de saber cuales eran las casas conservadoras y en este pueblo eran abundantes, dada la casualidad que las paredes de las casas donde habitaban los conservadores, estaban pintadas con una franja azul en la parte de abajo y el resto del exterior, de blanco. La pequeña plazoleta de Antoñio Nariño recibió un maniquiur especial. Se podaron los tres únicos pinos que tenía y se recogió la poca basura existente (sólo habían colillas de cigarrillos), y uno que otro montoncito de caca de caballo.

Las beatas, esclavas y devotas de nuestra Señora de Fátima, se apresuraban en lavar y restregar la fachada del único templo de adoración del pueblo, "por si al doctor Pastrana se le ocurriera visitarla para pedirle ayuda en la batalla a la que se enfrentaba." En verdad la iglesia, a pesar de tanta montaña que rodeaba a Antriño, era un monumento que se podía observar desde los municipios vecinos. La nave central del templo la cubría una cúpula redonda y plateada, pintada de este color para reflejar la riqueza del alma de sus feligreses. El reflejo de la cúpula daba una luz inmaculada que se extendía más allá del largo filo de la montaña. El templo de adoración era sin lugar a dudas el edificio más alto, no sólo en el pueblo, sino en todo el departamento en aquellos tiempos ya olvidados. El monumento era una catedral por normas arquitectónicas, pero únicamente una iglesia en las almas y los ojos de los feligreses que sólo conocían lo que tenían en frente de ellos. Para aquellos creyentes de los sermones del Padre Repollo, la única catedral existente se encontraba en la Basílica de Roma y la iglesia que congregaban en busca de salvación no era sino un templo insignificante de adoración.

Fueron muchas las discusiones que mantuvieron los habitantes de Antriño basados en la estructura y tecnicalidades de la construcción, si era una catedral o tan solo una iglesia. Muchos fueron los arquitectos que dijeron que era una catedral, pero por estar afiliados con el partido liberal no se les creyó. El padre Repollo insistió en contadas ocasiones que la única y verdadera catedral del mundo existía en Roma y era allí donde su Santidad daba misa. También insistía en que el escuchar misa en una catedral cambiaba y purificaba el alma de la congregación totalmente, ya que su construcción estaba predispuesta para canalizar la energía del alma en comunicación directa con Dios.

Fueron varios los que sugirieron pintar una franja azul de veinte metros alrededor de la iglesia para demostrar la solidaridad que existía en el pueblo entre los conservadores y el Papado, pero el padre Repollo que había hecho pintar las paredes recientemente de blanco, se negó rotundamente. En lugar de hacer tal cosa, él le diría al candidato personalmente del apoyo moral y espiritual que recibiría en su campaña y esto fue suficiente para desistir la idea de cambiar la armonía de colores y formas del edificio.

Como dije anteriormente, aquel sábado, el pueblo se llenaba de gala y todos los antriñenses esperaban con anhelos la llegada de tan noble personaje, en cierta forma por ser el candidato conservador, pero lo que realmente atraía a la población en masas de todos los lados del municipio era la presencia del helicóptero, ya que, la gran mayoría de los habitantes de Antriño, no habían nunca visto un avión, mucho menos un helicóptero.

Algunos pocos, habían tenido la oportunidad de ir a la ciudad y otra pequeña cantidad de estos fueron llevados por sus familiares al aeropuerto para que vieran los aviones volar. Los aviones a primera vista o a primera impresión debieron ser algo interesantes, pues se imagina usted a alguien que nunca ha visto un avión o a alguien que no sabe algo de la forma en que operan o el equipo sofisticado que tienen para orientarse. Estas personas se deben preguntar, ¿cómo es posible que un pájaro tan grande se dejó domesticar? Quizás si es un avicultor de la montaña el que observa el avión, se formulará la pregunta ¿pondrá huevos? Luego se preguntarán con un rostro de incrédulos, ¿cómo es posible que la gente se meta en esos aparatos pacíficamente con maletas y todo mientras se despiden de todo el mundo? Y se asustarán de la reacción del pájaro antes de partir, pues después de cerrar las puertas les hecha un ventarrón bien grande como para que no lo sigamos. Finalmente, se deben asombrar de la forma como se lleva los pasajeros para quien sabe donde, porque a lo mejor no saben para donde van o en que alambrado van a aterrizar, ya que vuelan tan alto y haciendo tanta bulla que no pueden saber a donde van a caer.

Esas deben ser las preguntas o conjeturas iniciales que se hacen los recién llegados al aeropuerto internacional Olaya Herrera. Pero más interesantes deben de ser las historias o cuentos que se echan al regresar a su pueblo, exagerando su experiencia un poco, como fue el caso de Toñito que juró haber matado uno de ellos con un machete antes de que despegara y el haber liberado a mas de doscientas personas en esa sola hazaña.

También juró haber visto como uno de esos aviones puso

un huevo y después de empollarlo salió una avionetita. Otros, sólo informaban pasivamente los adelantos del mundo al pequeño pueblo cafetero e ilustraban a todos los que le preguntaban sobre los lugares a donde doña Lucía los había llevado y gratis. Finalmente y después de oír la historia del pájaro de metal, algunos se podían explicar el porque del reflejo de algo muy alto en el espacio que dejaba un hilito de algodón cerca del cielo. Ahora cuando les dicen que es un avión, dejan de imaginar que es uno de los ángeles que se volaron del cielo y que vienen a la tierra a hacer fechorías, y le agradecen a Dios por dejarlo caer en otro lado y no cerca de Antriño.

En todos los dignatarios públicos (y aquellos no dignatarios pero envueltos en la rosca política), había un gran entusiasmo y grandes preparaciones para la llegada de la visita, pero no tanta como la que tenía Tarcicio Jurado, el cual no pertenecía ni a lo uno ni a lo otro.

Permítame alejarme un poco de la conmoción de lo que estaba pasando y dedicar algunos minutos a hablarle ligeramente de Tarcicio. Este era uno de los hombres más inteligentes sin educación que haya podido dar la nación entera y deme la venia de explicarme. La cosa no tiene mucho sentido pero después de que le explique quedará convencido de que tengo razón para hacer tales estamentos o declaraciones.

Tarci (así le llaman los que lo conocen), nació en Antriño en una fresca noche de verano. Desgraciadamente nació en este pueblo, que aunque nos trae muy buenos recuerdos, no tiene mucho que ofrecerle a los pobres intelectuales. Bien sabemos que los intelectuales ricos se pueden largar a mejorar su inteligencia a la capital o a países extranjeros como fue el caso de Pedro Luís Zuluaga quien lleva trabajando varios años con la NASA, por allá en los Estados Unidos. Vicente Hernando Gallo, médico cirujano de renombre en transplantes del corazón en la Clínica Soma, también tenemos a Aniceto, el de los Pérez, que ahora es profesor de física y química en una universidad de renombre en Alemania. Hay muchos otros y cuya lista es tan larga que de continuarla no terminaría con la historia de Tarci.

Tarcicio desde pequeño demostró gran interés por cosas que se movían, por aparatos y la mecánica de estos. A la edad de siete años inventó, en los ojos de muchos, la primera máquina retroexcavadora. Hizo la pala de ésta con el medio tarro de un barril de cincuenta y cinco galones, claro está que su máquina no era una gran cosa y un poco enclenque pues no contó con las matemáticas del arqueo o las fuerzas de las palancas para los brazos, ni la fuerza o energía comprimida que podría producir un motor hidráulico. Tampoco pudo ingeniar a tan temprana edad el punto de pibe y de balance. En pocas palabras su primera invención fue un desastre completo, ¿pero que más se iba a esperar de un niño de siete años?

Después del segundo año de escuela primaria y después de aprender unas cuantas cosas necesarias, se aburrió de ir a la escuela y en lugar de pasar las horas sentado en el aula de clase y su mente en otro lugar, empezó a escaparse de la escuela y a pasar más y más ratos en el garaje de Iván Chatarra, mirando y estudiando el movimiento de los motores, estudiando el trabajo de la carburación y el papel que juega el combustible y el oxígeno en todo esto. En poco tiempo aprendió los nombres y las funciones de las diferentes piezas y componentes del motor y comenzó a trabajar como un asistente de mecánico a la edad de ocho años y medio (casi los nueve).

Sus padres no se inmutaban o trataban de cambiar su parecer o sus nuevas tendencias. "Bastante rejo le di a ese cagón para que fuera a la escuela, pero nada. Prefirió meterse con la grasa" decía su padre y añadía "allá él. Más tarde le va a pesar."

A los diez años se fue a trabajar de voluntario con unos mineros que habían venido de Yolombó en busca de oro. Ellos estaban casi seguros de que había un yacimiento de oro muy grande por los lados del río Samaná y tenían los estudios mineros para comprobarlo. Tarci se les pegó en busca de aventuras. Había oído de la vida de los mineros, y le gustó la idea de vivir en el monte escarbando tierra y lavándola lentamente hasta que sólo quedan las pepitas amarillas del precioso metal. Fue en esta aventura que se convirtió en el minero más famoso y joven del municipio, pues no solo encontró oro pero además se ideó la forma de chupar las entrañas de los ríos y revolcarlos en unas canaletas de madera. De despulpar el cascajo apartando a un lado el oro y al otro las piedras y arenas sin ningún valor. Los mineros de Yolombó se hicieron ricos y Tarci tuvo la oportunidad de experimentar un poco con sus inventos pero no se hizo rico monetariamente sino en experiencias.

Después de haber sido despedido a la edad de once años de la American Gold Company, la cual compró el título de explotación única de las minas descubiertas por Tarcicio, se dedicó junto con sus seis hermanos a recoger el café que producían las fértiles montañas de suelo volcánico y donde se encontraban las fincas de las cuales era propietario su padre. Es sabido y además refutado en el folio cincuenta y ocho de la notaría única de Antriño, que la primera máquina recogedora de café operada por el viento fue inventada por Tarci a la edad de doce años. El único problema de la máquina fue que no distinguía el café que estaba maduro y listo para ser recogido, del café que necesitaba ser recogido en dos o tres semanas. La máquina fue un fracaso y terminó siendo abandonada a las orillas de la carretera como muestra del fracaso ingenioso del pequeño genio, llena de malezas y de ramas que le crecían por todos lados. Lo que sí tuvo éxito fue la máquina despulpadora de los granos de café, así como la molienda de caña propelada por un molino de viento. La finca de su padre fue la primera en gozar de la invención de Tarci y en muy poco tiempo todas las moliendas tenían los grandes trapos que atrapaban el viendo haciendo girar los molinos.

La fama de Tarci duró poco. En poco llegó el invierno y las aguas y el viento terminó rompiendo los brazos de los molinos o rasgando las telas de estos. También la Caja de Agricultores estaba casi que regalando los motores para adaptarlos a las moliendas y a las despulpadoras de café de las fincas. Claro, muchos terminaron endeudándose con la Caja.

En Antriño sólo había un televisor y era en blanco y negro. Este estaba en la casa de la familia Grajales donde existían horarios para ver y dejar de ver la televisión para las diferentes generaciones que habitaban el hogar. Esto con el fin de mantener la armonía. En la mañana daban los programas de la mamá y la abuela, en la tarde no había televisión, así bien que el siguiente turno que merecía rigidez en el horario era el de cinco a siete de la noche, el cual era de noticias y ese era para el papá y los hombres adultos. De las siete a las ocho nuevamente era de la mamá, la hermanita y la abuela, esta era la hora de la misa y los sermones espirituales y algo de política. A las ocho de la noche era el turno de los niños o jóvenes, los cuales estaban autorizados por sus padres para cobrar entrada a los otros niños o jóvenes del pueblo que deseaban ver el fenómeno de la televisión. Algunos pagaban en dinero, otros con dulces y algunos con helados o promesas. Fue allí donde Tarci paró de ocho a diez de la noche para ver los misterios que mostraba la pantalla de aquel aparato. Días más tarde leyó todo lo que pudo sobre televisores y poco a poco fue metiéndose sin saber como al mundo de la electrónica. El radio de su casa fue el primero en sentir sus manos primerizas, luego la pianola de don Alberto Soto, el de la plaza de Antonio Nariño y más tarde cayó en sus manos el televisor de los Grajales. No era gran cosa el reparo que tenía que hacerle, pero se quedó con el televisor por una semana estudiándolo bien a fondo, midiendo frecuencias, estudiando los circuitos y el funcionamiento de los diferentes componentes y mirando los diferentes programas que eran transmitidos.

Sus días de reparador de aparatos electrónicos llegaron a su fin bien pronto, pues por un lado no habían muchos de ellos y por otro los poco que arreglaba quedaban bien arreglados. La aburrición de los días de verano lo llevaron a trabajar como voluntario aprendiz en la farmacia del doctor Franco en donde aprendió un poco sobre medicamentos, plantas medicinales, jarabes, venenos y hasta un poco de medicina. El doctor Franco, el cual no era en realidad un doctor, pero por ser la persona mas conocedora de medicina del pueblo y por haber ayudado a dar a luz a tanto niño incluyéndome al aquí presente, se había ganado el título popular de doctor y en mi opinión le caía bien. En fin, el doctor o señor Franco le empezó a enseñar los libros de medicina y Tarci comenzó a interesarse en la educación farmacéutica hasta el punto de aprender química y aprender a fondo el balance existente de los elementos, las cantidades y temperaturas en que se podían combinar para producir una reacción benéfica en el cuerpo humano.

Tarcicio aprendió y asimiló vorazmente todo la enseñanza del maestro y su interés fue tal en la alquimia y las ciencias (no sólo la anatómica sino la biológica), que llegó a clasificar las diferentes plantas tropicales de la región y sus derivaciones químicas. Extrajo el aceite de la palma del banano y después de algunos experimentos resolvió que era buena para curar el carate y las manchas que dan en la cara, producto del embarazo. También inventó el remedio que iba a ser el precursor de los remedios que vendrían a curar la caspa. Muchos llegaron a la conclusión de que el secreto del remedio fue robado por uno de esos ingenieros gringos que trabajaban para la American Gold Company y que después de haber regresado a su país de origen lo mostró a sus amigos, uno de estos resolvió analizarlo y hasta ahí llego el secreto de todo eso porque un año mas tarde llegaron los comerciales al televisor de los Grajales de "Caspín" para curar la caspa.

Muchas fueron las cosas observó y le llamaron la atención, así como el gran número de preguntas que trató de resolver en su cabeza, como ejemplo de tales estaba la que se hizo un día mirando al cielo: ¿qué era esa cosa que volaba muy alto dejando una rayita en el espacio? ¿Por qué podían volar las aves y los hombres no? Y estas eran algunas de las preguntas a las cuales encontraría la respuesta en la enciclopedia que tenía el padre Repollo en la biblioteca de su sacristía. Allí se pasó Tarci clavado leyendo la sección de mecánicas y aerodinámica de la Biblioteca Enciclopédica Salvatt por dos meses, tratando de entender la relación existente entre números y el hecho de que las aves vuelan. Se aprendió las fórmulas pertinentes al caso y muy pronto se vio tirando pájaros hechos de madera que volaban, desde la parte más alta del morro de Cristo Rey.

La enciclopedia del padre Repollo le había abierto los ojos de otro mundo, de un mundo lleno de invenciones y cosas nuevas para explorar. A la edad de dieciséis años se marchó de Antriño a andar mundo y no se volvió a ver más la cabeza pequeña de cabellos lacios y medio rubios de Tarci, observando con ojos estudioso las diferentes actividades del pueblo.

No se supo más de él por dos años. Unos decían que se había marchado para el otro lado del charco. Uno que otro contaba que lo habían visto no se "con quién en no se dónde," lo habían visto haciendo no se sabe qué, pero que por allá estaba. Otros trataban de contradecir a no se quién, que estaba trabajando de maletero en el Hotel Intercontinental de Cartagena; y otros corroboraban parte de la historia al decir que efectivamente estaba trabajando de maletero, no en Cartagena, sino pero en el aeropuerto Olaya Herrera. El caso es que todos estaban equivocados. Tarci se largó para el lado opuesto del país. En lugar de tomar al noroeste, tomó sureste y terminó en la selva del Putumayo viviendo de arrimado con los indios Cholulos. Ellos se portaron bien con él. Por cierto, les mejoró su forma de vivir con sus invenciones pero se pusieron salvajes con los gringos de la American Gold Company que se encontraban por allí excavando en busca de oro.

Fue allí con los indios Cholulos donde Tarci aprendió los poderes incurables de la madre naturaleza y finalmente llegó a comprender algunos de los poderes ocultos de doña Hermilda Bolívar Fantasía. Dos años pasó con los Cholulos y sus inmensas riquezas antes de regresar a Antriño lleno de experiencias y nuevos conocimientos que se dispuso compartir con el doctor Franco.

Al llegar al pueblo, que era su hogar, se encontró con que nada había cambiado. Primo, el loco del pueblo, seguía comiendo fósforo, silbando el mismo bolero y vestido con las mismas hilachas de siempre. Don Jaime P. Betancourt seguía siendo el alcalde del pueblo y los policías del departamento de Santander habían sido reemplazados por agentes provenientes de la costa. Habían también dos carros nuevos en el pueblo, uno era un jeep Willis verde que pasaba más tiempo en el garaje de Iván Chatarra que haciendo su servicio colectivo por las carreteras andinas. El otro era un Studebaker de don José Luís Varsel.

Su familia inicialmente no lo reconoció. Había cambiado un poco. Su pelo largo y grasoso, y sus ojos demacrados contaban la historia de las fiebres selváticas y sus huesos casi tísicos y enclenques contaban las hambres de la vorágine. Había viajado al borde del infierno y regresado para contarlo todo.

Seis meses habían pasado desde que llegó Tarci a Antriño, al sábado de la llegada del candidato a la presidencia. Este era el día en que llegaba el conservador más importante de la república. Mientras todo el pueblo se preparaba limpiando, arreglando, pintando y maquillando el pueblo, Tarci se preocupaba en juntar su pita llena de nudos, de tener a mano suficientes lápices a color, así como papel y regla, también en especial tener a mano el frasquito limpio con la tapa de corcho y la escalera que le había pedido prestada a su primo Juan Hernando, el hijo del "Ñato." Todos los implementos de trabajo estaban a mano, limpios y listos para hacer labor.

El señor candidato estaba supuesto llegar a las once y media de la mañana en el plano del barrio del Obrero, la concurrencia iba a estar nutrida y si Tarci quería coger un buen lugar debería de llegar antes que todos los otros curiosos. Metió sus herramientas en su carriel, tomo su escalera y se marchó temprano aquella mañana mientras los barrenderos rastrillaban las calles húmedas con sus escobas.

Después de esperar más del tiempo previsto, se escuchó en la lejanía el ruido de una máquina. No sonaba como los jeep, los buses o los caminos a los que ya estaban acostumbrados por aquellos lugares. Ese ruido debería de ser el helicóptero y ¡sí señor, lo era! Inicialmente se veía como un puntito rojo en la distancia del cielo azul y poco a poco se fue acercando. Primero pasó zumbando sobre las cabezas de los espectadores, que por lo cierto eran muchos. Se dio una vuelta por el Crucero, pasó sobre el cementerio, voló encima del pueblo y terminó su vuelo exploratorio en el plano del Barrio del Obrero. Todos se vinieron encima a tocar no al señor candidato, sino al helicóptero.

Los agentes del orden trataron en vano de apartar los tumultos que se venían encima sin lograr ningún éxito, terminando por desistir de tal propósito. Al señor candidato lo montaron en el nuevo jeep Willis y lo condujeron loma abajo hasta la plaza de Bolívar en donde le esperaba una comitiva con banda y todas las que una persona de su rango se merece.

Mientras tanto Tarcicio luchaba por acercarse a la nave aérea. Finalmente logrado su propósito sacó de su carriel la pita con los nudos y se puso a medirla y a anotar las diferentes medidas en su libreta de apuntes, tantos nudos de aquí, tantos de allí. Trajo la escalera y se puso a medir las hélices, el largo y el ancho. Tanto de aquí, tanto de allí. Midió la cola, tanto de aquí, tanto de allí y así midió todos los componentes en los nudos de su pita y escribía sus apuntes en su libreta. La regla la usó para medir las cosas más pequeñas. Los que se detuvieron a mirarlo se reían de sus cosas y se preguntaban entre ellos "¿con qué bobada irá a salir ahora Tarci?" Y añadían, "a lo mejor piensa hacer una máquina para recoger café, pero esta vez la va a hacer con hélices." Muchas fueron las burlas y los comentarios que se escucharon referentes a las medidas que estuvo tomándole al helicóptero y muchas más las que se iban a escuchar.

En el momento en que trajeron el combustible y después de que los curiosos se habían disipado por el plan esperando ver la nave volando nuevamente, se decidió echarle la gasolina. Ese fue el momento en que Tarci sacó su frasquito, le quitó el corcho y con un billete de cinco pesos en la mano le pidió al policía costeño que le llenara el frasquito y éste se lo llenó, quedándose con los cinco pesos.

A los pocos minutos llegó el jeep verde con el candidato Pastrana, los policías en esta ocasión empezaron a repartir sin discriminación algunos zurriagazos y bolillazos a todo el que se acercara al helicóptero. Tarci observaba atentamente desde la distancia los movimientos del piloto mientras la nave se levantaba en un torbellino de polvo, viró y de un girón se elevó rápidamente hacia una de las cimas de la cordillera. Todo había terminado. En menos de media hora llegó el candidato, se lo llevaron al pueblo, dijo sus promesas, mintió a lengua suelta, se tomó una taza de café, escuchó los halagos del padre Repollo, abrazó o le dio la mano a los de la rosca, dio gracias por la hospitalidad del pueblo de Antriño, se montó de nuevo en el jeep verde, volvió al plan del Obrero, se metió al helicóptero y se marchó como vino, pisando las nubes.

Tarci empezó a imitar los movimientos del piloto, tratando de memorizarlos, sacando la lengua y mordiéndola suavemente mientras caminaba entre el gentío que comenzaba a disiparse. Unos se reían, otros le hacían bromas, otros se apenaban de su condición pues creían que su situación mental debería de ser producto de las fiebres que soportó cuando vivió con los indios Cholulos en el Putumayo. De cierta forma, el incidente convirtió a Tarci en el hazmerreír del pueblo y lo que en verdad aumentó tal cosa fue su determinación en dejar saber públicamente que "iba a construir su propio helicóptero". Que había tomado las medidas. Que sabía como pilotear uno de ellos y que eso sería lo último que haría antes de largarse de este pueblo para siempre. Cada vez que lo veían en la calle le preguntaban: oiga Tarci, ¿Cómo le va con el negocio del helicóptero? ¿Ya casi lo termina? ¿Cuándo lo termina? Si es que lo termina, ¿me va a dar una vueltecita por el cementerio? Otros le gritaban desde lejos "usted y Primo deberían de vivir juntos." "Este pueblo está lleno de locos, el uno come fósforos y el otro se cree un piloto". "¿Qué es que tienen en común Tarci y Primo? Pues que ambos viven en las nubes..." Otros murmuraban: lo que deben hacer con ese bobo es meterlo al manicomio, hay que hablar con señor alcalde al respecto." Pero no hacían lo último por respeto a los Jurados.

A Tarci lo había consumido su idea. Había reunido suficientes materiales, palos, latas, cadenas, botellas, una batería, plásticos, llantas, cables y cuanta cosa puedo sacar del taller que Iván Chatarra no necesitaba para comenzar la construcción de su propia nave. Comenzó a construirlo en la temporada de lluvia y cuando llegó el verano creyó haberla terminado. La gente del pueblo y en especial los jóvenes se burlaban de él cada vez que lo veían caminando por la calle arrastrando una guadua o la rama de un roble o la penca de un plátano.

-¿Qué es eso Tarci? –Preguntaban ¿-es la comida para el helicóptero que está construyendo? -y se reían.
Tarci les respondía aligerando el paso -es la comida para la marrana de su madre, pendejo.

Los primeros sábados del mes son los días más festivos en el pueblo, es un día de feria. En este día traen de todo al pueblo para ser vendido o negociado. Desde vacas y terneros hasta animales exóticos. Desde yucas y papas, hasta manzanas y uvas. También es el día en que más dinero se recoge en las limosnas de la iglesia, este día el padre Repollo se esfuerza más en felicitar y rogarle a los campesinos, que tan honradamente trabajan para ganarse el pan de cada día, para que ayuden a la iglesia que tanto bien hace con sus limosnas.

Fue uno de esos domingos, temprano en la mañana cuando primero se escucharon dos explosiones, luego el rugido de un motor carburando (inicialmente un poco mal), pero después de estar marchando por un momento comenzó a oírse la serenidad del ruido que hacía. Ya eran las diez y media de la mañana y de repente en la parte trasera de la iglesia, que era donde se encontraba la cancha de fútbol, se fue levantando una nube de polvo que más tarde se convirtió en un ventarrón dejando ver el helicóptero rústico que se elevaba a la altura del campanario. Pasó por la alcaldía, dio la vuelta por el cementerio, el plano del Obrero y se marchó por la cordillera arriba para no ser visto jamás.

Unos se preguntaron quien había sido el piloto de aquel helicóptero, otros callaban pasmados pensando en que podía ser Tarci que al fin logró lo que quería y en realidad había logrado construir su propia nave. Lo cierto del caso es que esa misma mañana fue la última vez que vieron a Tarci, él había sacado el helicóptero del sótano de sus padres la noche anterior y lo había armado cuidadosamente en una de las esquinas de la cancha de fútbol y lo había tapado con hojas de plátano.

Esto lo contó su hermano que había estado hirviendo las frutas de mamoncillo para sacarle un residuo el cual iba a usar como combustible. El aceite lo había sacado del maíz y muchas de las partes para el funcionamiento de la nave las había hecho él mismo Tarci. La nave la terminó hacía ya bastante tiempo atrás pero estaba esperando el verano para irse de Antriño y así lo hizo.

Después de dos meses del primer vuelo de Tarci, se recibió en la oficina de correos una tarjeta postal dirigida a Juan Hernando, el hijo del Mono, era de Tarci y la enviaba de Caracas, Venezuela. A los dos meses llegó otra para el padre Repollo y la había enviado Tarcí desde Roma y en la que le decía al padre que "sí era una catedral lo que teníamos en Antriño".

Ahora usted comprenderá por qué no mentí cuando dije que Tarcicio Jurado era uno de los más inteligentes sin educación que haya podido dar la nación entera y espero que mi explicación haya sido suficiente para haberlo convencido de mis estamentos y declaraciones.

La violencia en un pueblito colombiano

Súplicas

Y cuando vengan por usted, acuérdese de llorar, de suplicar por el alma de su taita. De pedir perdón y también por un poquito de compasión. No se las tire de macho, es mejor ser oveja en libertad que macho rechoncho. Es mejor que digan: "por aquí paso corriendo que allí lo mataron." Acuérdese mijo de estas cositas. Tome este shotgún y váyase a cuidar el ganao.

Escuchando la radio

Carabinas en el aire, alientan el atardecer
naranja opaca en perfiles afilados
cuatro dedos y una mano, la gota roja empieza a caer.
En el páramo, arriba resuena la gaga
y en el lago, los eucaliptos cascabelean su aroma
y bala, bala la blanca insolada.
Gooooool, gooooooooooooooool, gol, gol, gol
goooooooooooooooooooool del Medellín...
Hoy a las tres exactas de la tarde...
¡Han matado a Jesús!

¿Para qué?

Para qué mi boca, si ya la vendaron
Para qué mis ojos, si me los sacaron
Para qué mis manos, si atadas andan desde que llegaron
Para qué mi cuerpo, si ya lo violaron
Para qué mi vida, si me la quitaron.

El cuarto de abajo

Dos hombres, el uno joven, alto, greñas sueltas y desorganizadas. Ropa de gamín y botas negras de cuero, el otro de traje elegante y negro, con corbata y bigote afinado. Edad media. Salen de un pasillo oscuro y entran en una habitación larga que tiene tierra amontonada contra las carcomidas paredes.

—Ahí, en ese cuarto puede encontrar lo que anda buscando, descanso y algo de paz —le dijo el joven lampiño y demacrado, señalando una puerta que a duras penas alcanzaba a ser alumbrada por la bombilla. La bombilla colgaba del techo húmedo del cuarto de abajo. La monotonía y el desgano con que dijo "ahí" era obvio, parecía como si le aburriera o le fastidiara mostrar esa puerta carcomida por los años, como si fuera un ritual ya sin uso y se viera forzado a hacerlo día tras día, hora tras hora.

—Aquí está la llave —le extendió unas llaves de hierro, grandes como las que lleva San Pedro para abrir las puertas del cielo.

—Hágale señor, no sea tímido —le palmoteó el hombro, se echó las manos a los bolsillos y se quedó parado mirando alrededor mientras la luz le daba un aspecto fantasmagórico a su rostro demacrado. —Le aconsejo que entre de una. Ni siquiera piense en lo que va a pasar. Sólo entre y ya, se acabó la cosa. Eso es todo lo que tiene que hacer, abra la puerta y con un pié detrás del otro se mete.

— ¿Han llegado a abrir esta puerta anteriormente? —preguntó el que poseía el llavero.

—No, nunca. —Contestó monótonamente el joven mientras pisaba algo con la punta del zapato.

— ¿Por qué? —mirándolo a la cara

—Así lo quiso don *Sanatas*, que en paz descanse y además ese cuarto estaba reservado para usted y para nadie más. Lo estábamos esperando desde hace tiempo. Por acá viene mucho desconocido y ya sabíamos que tarde o temprano íbamos a recibir su visita, pero de haber sabido que iba a ser hoy la cosa... pues de verdad que hubiéramos arreglado este cuarto un poco mejor. Hubiéramos arreglado el paso y quitado algunas cosas para darle un mejor aspecto a este reblujero que tenemos aquí. Para nosotros este cuarto es como la antesala de ese cuartito —señalando la puerta. —Pero no crea que porque la antesala se ve mal y desorganizada que el cuarto va a estar igual. Tiene paredes y suelo de terciopelo, también creo que tiene el techo de seda. Le va a gustar bastante, ya lo verá.

—Bueno, gracias. Se puede marchar si gusta. —Dijo el hombre con un tono de voz que infunde respeto. Su apariencia es elegante, regia y soberbia. Su traje negro le da un aire de educación y de alta sociedad.

— ¿Sabe si hay algo encerrado ahí? —Prosiguió, sobándose la cara.

—Así como que raro no creo.

— ¿Como así que raro? —pregunta el forastero.

—No sé, es decir, mejor dicho, lo que quiero decir es que se escuchan cosas. A lo mejor vienen de otro lado. A lo mejor son ratones, gusanos o chuchas que andan por ahí buscando que comer, ya sabe usted como les gusta escarbar a esos animales. Eso es a lo que me refiero cuando digo raro, ruidos, ruidos y más ruidos. —El joven lampiño termina moviendo su cabeza de arriba a abajo como si estuviera corroborando su historia.

— ¿Eso es todo lo que ha escuchado?

—Bueno, la verdad y para ser franco con usted ya que lo que le diga no tiene ninguna importancia, mi abuela dice que ahí vive un duende y debe ser un duende en penas que vino a pagar las malas que hizo cuando estaba vivo y...

— ¿Y cómo sabe que es un duende?

—Bueno, yo en realidad no sé nada de esas cosas y ahora que
se ve usted como muy humano creo que no hay nada malo en contarle
para que sepa de antemano. Según ella, sólo los duendes arrastran cosas.
A unos les gusta arrastrar cadenas y no sé porqué, a otros les gusta
arrastrar ramas de los árboles, a otros varillas, en fin tienen que arrastrar
de todo porque no se pueden comunicar verbalmente y de la única forma
que lo pueden hacer es a través de objetos que no tienen vida. Según mi
abuela, el duende que se escucha por estos lados debió ser muy malo y
debe de estar pagando una muy grande porque se escucha el murmullo
de su llanto. No directamente su llanto pues como dije antes no se puede
comunicar verbalmente, pero se parece al llanto de una persona. Claro
está que pueden ser muchas cosas las que hacen esos ruidos, podría ser
un gato maullando o una comadreja o una chucha como dije antes. En
fin, ¿para qué le cuento a usted esas bobadas? Usted a lo mejor no me
cree. ¡Ah! una cosa, yo siendo usted me arrepentiría antes de entrar por
si las moscas. Uno nunca sabe, uno nunca sabe.

—Mejor será que se vaya hombre, pues Dios no quiera que salga
el mismo demonio de ese cuarto y te lleve de patas para el infierno o a lo
mejor ¿ese cuarto es la entrada del infierno y como nadie lo ha abierto...?
—Dice el apoderado de las llaves de hierro, al mismo tiempo que pone la
mano derecha sobre el hombro del joven.

—Bueno, yo lo traje y eso era todo lo que tenía que hacer. Ese
es mi trabajo, traer a los nuevos huéspedes a los cuartos de abajo. Mejor
será dejarlo a usted señor solo con su persona y consigo mismo. A mí
no me dieron recado de acompañarlo ni me dijeron que lo acompañara
a usted en su pieza. Allá yo no me meto. Ya lo traje y el traje está en sus
manos. —Se rasca la cabeza. Se da media vuelta y emprende la retirada.
Después de dar dos pasos se detuvo y dijo señalando la puerta del cuarto
—se me olvidaba decirle: ¡que la disfrute! —y emprendió nuevamente
sin mucha prisa la retirada del cuarto. Se escuchó lejos y mezclada con
la oscuridad del pasillo una carcajada que a lo mejor provenía de la boca
del joven que se acababa de retirar.

La risa le produjo un escalofrío al visitante. —Qué locura
esta Dios mío y que bobada con la que salen estos pobres montañeros,
no saben como divertirse. Creen que todos los de la ciudad somos un
montón de bobos, que no sabemos donde estamos parados y que se
pueden burlar de nosotros a cualquier momento con esas estupideces
de duendes y de espantos. Este muchacho si trabajara para mí en la
hacienda del "Espíritu Santo" ya me las hubiera pagado por holgazán
y metido. Lo que no debe saber ese tonto es que yo soy nacido y criado

en pueblo y que a mí no me la hace nadie. —Y dio media vuelta para observar la puerta.

Mirando el techo, las paredes y las esquinas del cuarto, —A lo mejor me están espiando por algún roto que hicieron en unas de las paredes, pero de que soy hombre soy hombre y no me le mamo a nada ni a nadie. Peor fuera que me regresara al cuarto de arriba y entrara muy caripelado y sin haber entrado al cuarto donde se encuentran guardado los restos dizque de algún duende. Como si les fuera a creer tanta bobada. —Puso la llave en la aldaba, la giró fuertemente y empujó. De un golpe se abrió la puerta. De inmediato se dejó sentir el frío revuelto con humedad. Estaba oscuro. Palpando entró en el cuarto. Tocó las paredes en busca de un interruptor de corriente, de repente y de un golpe seco se cerró la puerta.

La oscuridad era total, no se podía ver ni la luz de la esperanza. La única luz existente era la de los pensamientos, la de los recuerdos y la vida pasada. La luz de la memoria de días de verano en los campos de la hacienda, montando en caballo y sintiendo la tibia caricia del sol en el rostro, la brisa refrescante de un verano tropical y la vista sin límites del verde paisaje que se extendía por las praderas del Espíritu Santo. Eso era lo único que iluminaba la oscuridad del presente.

No tardó mucho en volver a toparse con la puerta de madera después de seguir el contorno de las paredes aterciopeladas. Haciendo un puño con su mano, comenzó a golpearla, acompañando sus golpes, las patadas y los gritos — ¡abran la puerta inmediatamente! ¡Abran o la voy a derribar! —Eran gritos desesperantes producidos por el encierro. Pasado algún tiempo y luego de tratar en vano de encontrar la cerradura para abrir la puerta desde adentro, deja resbalar su cuerpo por la pared de terciopelo hasta que alcanza la suavidad del terciopelo que cubre el piso del cuarto.

— ¿Qué diabluras son estas? ¿Acaso no saben con quién se están metiendo? –Comienza a reflexionar. —A lo mejor me tienen secuestrado y yo claro tan bobo que caí como un pobre conejillo en sus redes. En este momento se deben estar riendo de mí y de como me cogieron tan fácilmente, ni me forcejearon, ni me tuvieron que empujar ni seducirme con dulces como hacen algunas personas con los niños. Qué torpeza la que he cometido. Eso sí, el responsable de toda esta pirueta me la va a pagar. —De repente, del otro lado de la puerta se escucharon dos o tres voces que hablaban con el tono monótona de los que rezan, de los que dicen pero no piensan en lo que dicen. Una voz ceremoniosa hablaba y el coro contestaba. Al momento de terminar su monotonía se escuchó el rastrillar de metal contra el piso del cuarto adyacente y las descargas de tierra contra la puerta del oscuro cuarto se escucharon.

— ¡Está bien, ya pues! ¡Suficiente! ¿Cuánto quieren por mi libertad? ¿Es esto un secuestro o algo por el estilo o tan solo se quieren burlar de mí? ¡Contesten! ¡Hablen! ¡Digan algo, digan algo, digan algo! —No dijeron nada, únicamente se escuchaba el ruido de la tierra que se iba amontonando en la puerta, acompañada por la tos crónica de uno de los paleadores.

—Si esto es una broma, ¡ya es suficiente! —Bajando el tono de voz. —Qué broma tan pesada, si es que lo es o ¿a lo mejor es uno de mis enemigos que quiere vengarse? O es algo planeado por Pineda para quedarse con la propiedad que le habíamos acabado de quitar al viejo Tobías. —Reflexiona un poco, pone la cabeza entre las manos, deja escurrir sus cabellos entre sus dedos y continúa reflexionando tratando de mantener la calma, de reflexionar y de darle sentido a la situación en la que se encuentra.

El pasado sin duda alguna es el compañero inseparable del presente y para él no hay excepción el de refugiarse en las experiencias pasadas para distraerse del presente —que jugarreta la que le jugamos al pobre viejo, no tuvo otra que aceptar la limosna que le ofrecimos por su propiedad. Que buenas fueron las ideas que tuve para irlo doblegando, —y volteando la cabeza de lado a lado se enorgullecía de sus triunfos, —es que soy un genio para esas cosas de quitar y no restaurar. Claro que Pineda también tuvo su buena idea al decidir secuestrarle el hijo mayor después de que el viejo no quería ceder. Sí, el secuestro fue el último clavo que teníamos que quitar para que el edificio se derrumbara. Tuvimos que tratar muchas cosas para echarle mano a esas tierras.

Entre risas —le tuvimos que incendiar la cosecha de maíz, la cual entre otras cosas ya estaba perdida por la sequía de modo que no fue mucho el daño que le hicimos. ¿Cuál fue la otra cosa que le hicimos? Ah ya, ya, le envenenamos esas dos mulitas que tenía para sacar las cargas al mercado. Ni se dio cuanta de lo que pasó, nadie supo que las mulas habían sido envenenadas pues el veneno que les dimos, las volvió locas antes de morir y ambas terminaron tirándose por una barranca desnucándose. Esa si fue una buena idea, pero el viejo nada que cedía. Creyó como todo el mudo que la mala suerte se le había entrado a la casa. —Se ríe.

—Nosotros claro, creyendo que el viejo estaba listo para vender, gracias a sus infortunios, le pegamos una visita ofreciéndole un buen dinero por la finquita. No era buen dinero, pero es bastante en comparación con lo que le dimos a Aparicio por las tierras del río

Hondo. Esa sí era tierra buena o es tierra buena. Allí se puede cultivar cualquier cosa, desde maíz, hasta flores. Qué lástima que don Aparicio hubiera decidido acabar con su vida después de la venta. Era un buen trabajador y con nosotros no le faltaba el trabajo. Le ofrecimos alquilarle las tierras para que no dejara morir de hambre a esa familia que tenía. Su mujer dijo que porque no tenía nada que darle ni ofrecerle a su familia y que lo poco que le había quedado de herencia después de la muerte de su taita se lo habíamos quitado decidió matarse. ¿Cómo así que quitado? como si no le hubiéramos pagado nada por esos rastrojos descoloridos. Suspirando profundamente, —ahora, su hija Lola, esa mocita si que era hermosa y como la gocé aquel día que me la encontré en la cañada lavando ropa, que oportunidad aquella. Estaba sola con su largo pelo negro, sus piernas musculosas medio mojadas, sus senos libres y sueltos bailando al compás de la paliza que le daba con la piedra a la ropa. Esos ojos de india que tenía, esos dientes blancos y bellos, esa piel canela. — Acomodándose en el piso. —Estaba un poco fuerte pero con una buena paliza la pude domar y el resto fue goce que goce.

—Pero lo del secuestro, eso estuvo muy bueno, pues la tierra nos salió gratis. Nosotros secuestramos al hijo, ¿Cuál era el nombre de ese muchacho? Creo que era José o ¿sería Pedro? en fin, lo secuestramos forzando al viejo Tobías a vender su tierra. Claro, nos tuvo que vender la tierra y después nos devolvió el dinero que le dimos para que le dejáramos a su hijo libre. Él, ni nadie supo que nosotros éramos los organizadores del secuestro. Ni su hijo Pedro, o sería José o era Antonio o como se llame ese bobo, que por lo cierto yo no hubiera pagado ni un peso por su rescate. Nadie se dio cuenta de que la cosa había sido planeada por nosotros. —Deja de conversar consigo mismo y trata de mirar el techo del cuarto, no lo pudo ver, todo está a oscuras.

— Rosita, la negrita de "Morro verde" que niña tan linda aquella. ¿Quién era el padre de esa flor? ¿Serías don Ignacio o don Hernando? a mí que me importan los nombres de esos campesinos ignorantes. El caso era que con la Rosita, le tuve que prometer matrimonio para que lo soltara, después se aparece dizque en embarazo y diciéndole a todo el mundo que es hijo mío. Claro, a todas les gustaría tener un hijo con un hombre adinerado, poderoso y de educación y a lo mejor Rosita después de que estuvimos juntos en la mina de Tarcicio, se fue a buscar a otro por ahí y se dejó embarazar para achacármela a mí. Y como yo nací en pueblo y me crié en ciudad, sé muchos de esos trucos de las mujeres pueblerinas. Este mundo no va a ningún lado con mujeres así. —Nuevamente deja de conversar en voz alta y trata de mirar el fondo del cuarto. — ¿Qué tan grande será este cuarto? —Se para y comienza a andar lentamente guiándose por las paredes de terciopelo, estira la mano y toca el techo del cuarto, tan solo estaba a pocos centímetros de su cabeza. Al llegar al fondo, tropezó con unas cadenas que estaba amontonadas en una de las esquinas.

—Éstas deben de ser las cadenas de las que hablaba ese tonto que me trajo aquí. A lo mejor alguien se mete en esta pieza en la noche y las arrastra para asustarlos, así se marchan de la casa y como son tan supersticiosos, terminan vendiendo la casa por cualquier porquería. —Las tomó y se devolvió en busca de la puerta. Al tropezar con ésta, se retiró uno o dos pasos y comenzó a golpearla con la cadena y a gritar pidiendo ayuda. Nuevamente se escucharon los rumores al otro lado de la puerta. El prisionero del cuarto oscuro, se acerca a la puerta y trata de escuchar lo que dicen y sólo puedo distinguir la tan popular Ave María...

— ¿Pero que diablos es esto? ¿Cómo es posible que no me puedan escuchar? ¿Y por qué rezan en lugar de sacarme de aquí? —Trata nuevamente de llamar la atención de las personas que se encuentran detrás de la puerta. Todo fue en vano. Ellos seguían con su rezo a la Virgen.

— ¿Qué es esto? a lo mejor es un pesadilla y pronto voy a despertar. Sí, tiene que serlo, pues... —y se queda callado, pensando, rebuscando ese hilo del recuerdo de la memoria —No, no me puedo acordar ¿Cómo o por qué llegué a este lugar? Sólo me acuerdo que en un momento estaba no sé donde y sólo veo la cara de José o Pedro o Antonio o Juan, ese el tonto ese, el hijo de Tobías con una pistola, apuntándome y diciendo no sé que cosa algo así como por su culpa... ahora sí... vengar... las va a pagar todas... y de repente aquí me encontraba andando por ese pasillo oscuro en la compañía de ese joven siniestro, escueto y enjuto entrando al sótano de la casa de un señor del que nunca he oído. Se toca la punta de la nariz. — ¿Cómo llegué aquí? ¿Por qué? y además ¿qué estoy haciendo en este cuarto oscuro? —El murmullo del rezo cesa. Él se pone de pié y sin darse cuenta la cadena estaba sujeta de su muñeca derecha. Intenta soltarse pero no puede. Está bien asegurada de su brazo, como si alguien la hubiera remachado para siempre de su muñeca.

Comienza a caminar de un lado para otro arrastrando la cadena, chocándose con las paredes de terciopelo, cayéndose y parándose, sintiendo el techo que se cerraba sobre su cabeza, dando vueltas y gritando en la tumba que tras grito y lamento se achicaba robándole espacio a su cuerpo.

No tardó mucho en darse cuenta que se encontraba en el ataúd de su destino, su morada perpetua y que su cuerpo se encontraba rodeado del traje de madera.

El callejón

Personajes:

Encarnación (Hermana de Engracia)
Engracia (La madre de Edelmira y Elisa)
Edelmira (Hija menor)
Ramón (Hijo menor)
Quique (Hijo mayor)
Elisa (Hija mayor)
Paco (Padre de Ramón y Quique)

Se pueden ver dos puertas con luces iluminando los números de las entradas. También se observa en la fachada de las casa ventanas protegidas con barras de hierro. Una de estas puertas tiene el número 12A en la parte derecha y la otra 12B en el mismo lugar. De la puerta 12B saldrán Paco y Ramón y de la puerta 12A saldrán Engracia, Encarnación, Elisa y Edelmira. Las luces de las puertas iluminan distraídamente el escenario. En frente de ambas casas hay algo de basura y las fachadas de las casas se ven mal pintadas y en mal estado. Las puertas hacen ruido cuando se abren y se cierran. Hay también algo de maleza creciendo entre la pared de las casas y la acera de la calle. Se abre la puerta del 12A, sale Encarnación vestida de luto, con manto de rezandera y el rosario en mano. Cierra la puerta y se marcha por la entrada del callejón.

Engracia: (Sale vestida de negro. Lleva un vestido que le baja hasta los tobillos, encima del vestido lleva un delantal blanco y calza zapatos negros elegantes. Su cabello está bien peinado y tiene algunas canas. Se pone las manos en la cintura y después de mirar detalladamente la basura que hay en la calle) ¡Edelmira, hija! Traiga una escoba pa' barrer esta porquería de calle. ¿Qué hace que la barrí? y mire, ya me la volvieron un chiquero. Estos malditos muchachos del lado se mantienen tirando la basura a la calle como si fuera una caneca pública. ¿De qué pueblo del oriente habrán venido? ¡Qué vergüenza Dios mío! ¡Qué vergüenza! A ver pues mujer, traiga esa escoba. Edelmira, ¿dónde te has metido?

Edelmira: (Muchacha joven y bonita, sale arreglándose el pelo con la escoba bajo el brazo y la hebilla de pelo entre los labios. Lleva un vestido largo de flores y sandalias) Mire mamá, aquí tiene la escoba.

Engracia: ¡No mi'ja! yo no voy a barrer, la escoba es pa' uste. Barra uste que está más joven y necesita el ejercicio. A trabajar pues, rapidito que no tenemos todo el día (y se entra para la casa. Cierra la puerta fuertemente).

Edelmira: (Mirando para el lado derecho de la calle) debe de estar que llega, siempre llega a estas horas del día del trabajo. Tan lindo que es el Quique y tan bien que se ha comportado conmigo últimamente. Me regaló veinte pesos hace dos días para que fuera a verme una película en el teatro Lido. También me regaló, hace dos semanas, una caja de chocolates de los cuales todavía tengo unos cuantos guardados. Me gusta bastante la forma en que camina, siempre con la cabeza gacha, y también lo buen trabajador que es. Él solito mantiene toda esa familia (se oye la voz de Engracia).

Engracia: ¿Ya terminó mi'ja?

Edelmira: No mamá, pero ya casi (se pone a barrer energéticamente).

Ramón: (Sale Ramón fumando) Hola preciosa. ¿En qué andas? No me diga que te pusieron a barrer la calle otra vez.

Edelmira: Sí y por culpa suya (continúa barriendo).

Ramón: (Acercándosele) ¿Mía? Pero muñeca, cómo se le ocurre...

Edelmira: Sí, no ve pues que ustedes se mantiene tirando colillas de cigarrillos, papeles y cuanta porquería se les ocurre, al suelo.

Ramón: ¿Pero de dónde sacas esas cosas nena? ¿Cuándo me

has visto arrojar algo al piso? (Edelmira le da la espalda y Ramón tira el cigarrillo al suelo y lo apaga con la punta del zapato).

Edelmira: Nunca. Pero mi mamá lo ha visto y eso es lo único que me hace falta para saber que ustedes todo lo tiran al suelo.

Ramón: Bueno, si vamos a darle valor a las palabras de tu mamá, mi viejo te vio también tirando cosas al suelo y esa es la única evidencia que me hace falta para concluir que estás barriendo tu propia basura (toma la cajetilla de cigarrillos, saca otro cigarrillo. Edelmira lo mira por un segundo con ojos de furia). Además, nosotros no somos los únicos que vivimos en este callejón. ¿Sabes que tenemos vecinos?

Edelmira: No seas insolente Ramón. Con usted no se puede. Gente como usted no da sino rabias. Bien dice mi mamá que con ustedes mejor son las cosas de lejitos y desgraciadamente somos vecinos suyos y toda esta pandilla de refugiados que viven en este callejón.

Ramón: (Sonriendo) y vecinos de paredes que es el colmo preciosa, de paredes.

Edelmira: ¡Ya, cállate! (Lo amenaza con la escoba).

Ramón: (Tomándole la escoba) ¿Pero es que no me quieres negrita? No, me digas que tus ojos no suspiran por mí.

Edelmira: Ni muerta, payaso. Suelta la escoba (se escucha la voz de Engracia. Ramón suelta la escoba).

Engracia: Edelmira ¿Ya terminó hija?

Edelmira: Sí mamá, pero hay un pedazo de basura que no puedo barrer con esta escoba. Vamos a tener que llamar al municipio pa' que se la lleven.

Engracia: ¿Qué dices hija? ¿Habla más duro que no le entiendo nada?

Edelmira: Nada mamá. (Mirando a Ramón y tomando control de la escoba) ¿Qué? ¿Ya terminó?

Ramón: (Después de mirar a Edelmira a los ojos emprende su retirada, para, se regresa) Contame fiera ¿cómo sigue la Elisa? ¿Ha mejorado alguito o sigue en las mismas de ayer? ¿Sabes que en nuestra casa se escucha todo lo que ustedes dicen o hacen allá?

Edelmira: (Silencio) Sí, eso se sabe de sobra. ¿Y, para qué quiere saber cómo está la negra?

Ramón: (Saca la cajetilla de cigarrillos) Bueno, es que tu hermana me cae bien y pues como se enfermó tan de repente, me tiene un poco preocupado, eso es todo. Na' más.

Edelmira: ¿Seguro qué esa es la razón? (Mirando los cigarrillos de Ramón). Dame un cigarrillo (Ramón abre la cajetilla de cigarrillos y se los ofrece. Lo mira y lo huele). Me gustan los Marlboros más que el Imperial, creo que son más suaves. ¿Tienes un fósforo?

Ramón: ¿Qué, te lo vas a fumar aquí?

Edelmira: Claro que no pendejo, ¿usted es bobo o es que me ve cara de boba? En el problema que me meto si me pilla mi mamá.

Ramón: No soy bobo ni le veo cara de boba, pero como estaba preguntando por un fósforo yo creí que...

Edelmira: Un fósforo, eso es todo y ¿si le pregunto por una navaja es que le voy a dar una puñalada a alguien?

Ramón: No, eso no (Edelmira se aleja disimulando barrer. Ramón se guarda los cigarrillos. Se mete las manos al bolsillo del pantalón, saca un cepillo y se lo pasa por el cabello). Oye bizcocha, ¿te gustaría salir alguna vez a la heladería y comer alguna cosa una de estas tardes?

Edelmira: No, a lo mejor creerás que me gustas y eso sí que no se puede.

Ramón: No, eso ni en broma, yo sólo quiero que seamos buenos amigos, fíjese que me estoy comportando o al menos tratando de portarme bien contigo. Yo no quiero nada de compromisos (Edelmira sube los hombros. Ramón da unos pasos. Se detiene y vuelve hacia Edelmira) Sabes que me ofrecieron un camello nuevo en el Exito. Según dicen me van a pagar lo más de bien y me van a dar todas las...

Edelmira: (Disimula barrer) ¿Y cuándo empiezas?

Ramón: (Con las manos en los bolsillos) Según mi hermano en menos de una semana, ojalá fuera hoy mismo. Ya me estoy cansando del cantaleteo que me echa el viejo. Prefiero salir y ganarme el pan como lo hacen los hombres en lugar de quedarme en la casa limpiando y haciendo mandados. Desde que me salí del Marco Fidel, eso es lo único que escucho todos los días, cantaleteo y más cantaleteo.

Edelmira: ¿Y el Quique también le cantaletea?

Ramón: El Quique no me jode tanto y si no fuera por él que tanto me ayuda, ya me hubiera ido a camellar con el Master. Sabes que con el hombre no hay que hacer nada y se gana buen billete, lo único que se hace es seguirlo todo el día y visitar amigos y eso es todo, como lo hacía... (Sale Engracia abriendo la puerta de la casa de un jalón. Edelmira se guarda el cigarrillo en uno de los bolsillos del vestido).

Engracia: A ver pues mi'ja, ¿qué ha estado haciendo todo este rato? pa'entro inmediatamente que ya se lo tengo advertido...

Ramón: ¡Buenos días doña Engracia!

Engracia: Qué buenos días ni que nada (tomando a Edelmira del brazo) y usted niña, uste sabe muy bien lo que le tengo dicho. Nada de visitas en medio de la calle o a lo mejor quiere que le traiga café con galleticas con tantos oficios que hay que hacer. Hay pisos que barrer y trapear, loza pa' lavar (mirando a Ramón) y tareas que hacer para las clases de mañana. No faltaba más que se quedara sin una educación.

Ramón: Pero doña Engracia yo tan solo...

Engracia: Tan solo nada mi'jo, yo sé como son los de su tierra y lo que es a mis muchachas ni usted ni nadie de por allá les echa el cuento, y uste pa'entro mocosa antes de que le dé un coscorrón en esa cabeza por desobediente. Pa'entro (cierra la puerta de un tirón. Del lado derecho del callejón aparece Quique con una bolsa de papel debajo de su brazo y una revista doblada).

Quique: (Lleva puesto una camiseta blanca, manchada con gotas de pintura y algunos rotos, pantalones en las mismas condiciones y tenis) ¿Qué más pelao? ¿Qué hace aquí en la mitad del callejón? ¿Buscando otra salida?

Ramón: (Abriendo la caja de cigarrillos y ofreciéndole uno a Quique) Hola 'mano. ¿Cómo te fue en la chamba?

Quique: (Moviéndose en frente de la puerta 12B) Bien. (Tomando a Ramón del brazo) Oye, ¿si me pudiste averiguar lo de la Elisa?

Ramón: Nada. Pero traté, palabrita pa' chucho. La Edelmira es muy aviona y no me quiso decir nada, es más, creo que cambió la pita de la conversa pa' no decirme ni mierda. Yo creo, y de acuerdo a los síntomas que tiene, que la pobre está en embarazo.

Quique: Como así que embarazada. No, no, no, eso no puede ser hermanito.

Ramón: No se necesita un doctor para darse cuenta de esas cosas, al no ser que se venga de los lados de donde vienen esas, y menos mal que vienen del lado opuesto del que nosotros venimos.

Quique: Eso no puede ser. Tan solo lo hicimos una sola vez y ni siquiera nos quedamos en ese pulguero más de veinte minutos.

Ramón: Sí, pero de acuerdo a la clase de biología que tomé en el Marco Fidel, lo único que se necesita es un segundo, un segundo (y le estira un dedo en frente de la cara y moviendo la cintura de un lado al otro), y pin, pun, queda lista la cría.

Quique: (Pensativo) Ya pues, ya, ya. Váyase con esas bobadas suyas pa'l femenino que las vacaciones se le van a acabar muy pronto. (Ramón hace el ademán de marcharse) Espere, deme esa caja de cigarrillos que más tarde se la pago. (Ramón se los entrega) también, pásese por la casa de los Mejías pa' ver como sigue el Master.

Ramón: ¿Y para el Mono de la tienda? ¿Sabe que me está volviendo loco con los cobros?
Quique: Déle estos cien pesos. Váyase pues, váyase y sea productivo (antes de poner la llave en la aldaba de la puerta se abre la ventana del apartamento 12A, Elisa se asoma).

Elisa: (Luce demacrada y se apura en peinarse) ¡Hola! Y es que usted ya no saluda o es que ¿ya no me reconoce?

Quique: (Se acerca a su ventana) Qué alegría de verte Elisa, creí que no te volvería a ver el resto de esta semana.

Elisa: Sí, claro que te creo. Me imagino que estarás muy contento de que me enfermé para no tener que lidiar conmigo.

Quique: No, eso no, ni en bromas (mira para ambos lados del callejón y le toma la mano). He estado pero bien preocupado por ti, hasta le tuve que pagar al vivo de Ramón para que me averiguara de tus males.

A propósito, ¿cómo sigues?

Elisa: Lo más de bien, ya estoy mejorcita. (Pausa, se miran. Se escucha la voz de Engracia llamando a Elisa) me tengo que ir pero te mando una razón con Edelmira (Quique aprovecha y besa la mano de Elisa). Nos vemos (y cierra la ventana lentamente).

Paco: (Sale Paco, un viejo de sombrero de paja, camisa blanca de mangas largas y alpargatas) Mijo, gracias a Dios viniste. ¿Me trajo las gotas y el aguacate que te encargué?

Quique: (Extiende la bolsa de papel mal humorado) Sí, y me fue bien en el trabajo, gracias.

Paco: Deje de ser mal agradecido, me tiene que hacer un favor y lo primero que hace es echármelo en cara (Quique abre la revista y se pone a mirar los dibujos, a ojearla). ¿Cuántos años estuve trabajando la tierra en Puerto Nare, rompiéndome la espalda y sudando gotas de sangre pa'sacar esta familia adelante, pa'que no tuvieran que aguantar hambre como la que yo pasé? Siempre trabajando y luchando la tierra. (Suspira) De no ser por la maldita guerrilla que venían y nos quitaban lo poco que le sacábamos a esos terrones, allá nos hubiéramos quedado, pero preferí vender eso por cualquier cosa y traérmelos pa'ca, al menos aquí sé que no me los van a matar por nada.

Quique: Ya pues, ya he escuchado el mismo cuento más de una vez...

Paco: Y sé que te enojas porque no trabajo, pero es que no puedo hijo, el aire de esta ciudad es malo y yo no sé otra cosa que luchar la tierra y aquí pues ni un solarcito tenemos, todo es concreto, ladrillo y pavimento.

Quique: Eso a mi no me enoja hombre...

Paco: (Ignorando a Quique) Mira mis uñas, ni una triz de tierra o sucio. Mis manos siguen encalladas para recordarme de los días pasados, días en que tu mamá y todos vivíamos en paz y éramos algo con la tierra. Vivíamos en armonía. Ahora, mira, hasta las mujeres nos hacen la guerra.

Quique: También escuché esa historia antes. Nada es nuevo, nada es nuevo y nada va a cambiar pa' mejor. Cada día vamos pa' tras, de espaldas como los muertos. Que nos echen tierra y que se acabe el baile porque no sé bailar ni quiero aprender.

Paco: No diga eso hijo, no diga eso. Usted está lleno de vida, tiene muchos años por vivir, no ha comenzado a luchar y se pone a decir esas cosas. Cosas sin fundamento y sin lógica como si no hubiera futuro.

Quique: Futuro sí hay hombre, pero no pa' nosotros.

Paco: No diga eso mijo, no diga eso. Mire, (saca el aguacate de la bolsa) mire este aguacate, lo arrancaron de un árbol allá en la montaña, a lo mejor de un árbol de por las tierras de donde somos y se creyó el muy aguacate que sus días se iban a terminar, pero de lo que se olvidó, fue de la semilla.

Quique: ¿Y qué va a hacer con la semilla?

Paco: La voy a tomar y como es temporada pa'sembrar, pues la voy a poner en un matero y verá que va a pelechar y dar frutos, más aguacates. A esas palabras de que no hay futuro no es pa' nosotros, no es pa' nosotros, eso es pa'...

Engracia: (Sale de su casa de repente) Pero muy buenas don Paco. ¿Cómo me lo van tratando?

Paco: (Se quita el sombrero) Lo más de bien doña, lo más de bien.

Engracia: Me alegro, me alegro lo más de bastante. Sabe, tenía un asuntico de qué hablarle y ahora que está usted y su hijo mayor presente, pues le quiero pedir o mejor dicho encarecer y como ya habíamos hablado antes y lo cual no es cosa nueva, que pues, usted sabe que las muchachas y aquí como chismosea la gente y todos...

Quique: Déjese de rodeos y diga lo que vino a decir doña Engracia.

Paco: ¡Ya hijo, ya! Respete a la señora. Por favor continúe doña.

Engracia: Gracias don Paco, yo sabía que usted es persona decente pues es de los viejos y educados, no como estos jóvenes de hoy que son los que están acabando con este mundo. Ellos no obedecen, no hacen caso y no tienen iniciativa pa' nada, fuera de eso todo nos lo echan en cara, lavan un traste o recogen un pedazo de papel y... todo no lo echan en cara, ¿verdad don Paco?

Paco: Bueno, yo tengo muy buenos hijos y...

Quique: ¡Viejo! Doña Engracia, ¿qué quiere?

Paco: ¡Hijo!

Engracia: Bueno, como venía diciendo, las muchachas y la familia y la lengua del vecindario y lo que dicen y lo que se escucha y yo como soy una persona echada pa'lante y en cuanto veo algo que no me gusta y veo el defecto hay mismo le tengo que poner el tate quieto. Mi esposo Martín (se persigna) que en paz descanse, era lo más de pacífico y siempre se enojaba conmigo por ser así, pero así soy yo y no puedo cambiar y esa es la forma mía de ser...

Encarnación: Güena noche teingan toos.

Coro: Buenas.

Encarnación: ¿En qué anda ute'es tan de teltulia? Ebe de sél que no etan pa'naa güeno.

Paco: Buenas doña Encarnación, hace tanto tiempo que no nos vemos. Escuché y mucho siento lo ocurrido a Gabrielito. Eso fue una total injusticia, todos lo lamentamos mucho y pues, quiero que sepa que él era un buen muchacho y que lo vamos a extrañar.

Quique: Sí doña Encarnación, él era lo más de buena gente y desgraciadamente los buenos siempre terminan pagando por los malos. De verdad que lo vamos a extrañar.

Encarnación: (Comienza a sollozar) Era un güen muchacho ¿Velda? (todos afirman con la cabeza) Too lo que ganaa lo traía enterito, too pa' su mamita.

Engracia: Ya pues mujer. Aquí tiene tus sobrinas y a mi, tu hermana, que somos familia y te vamos a cuidar. Ya verás, ya verás como pasa.

Edelmira: (Sale a la calle) Buenas Quique, hola don Paco. Mamá, Elisa tiene un cólico que la está matando y no deja de vomitar, a ver que se le puede hacer.

Engracia: Dígale que ya voy y usted Encarnación, vaya a ver en qué le puede ayudar. (Ambas mujeres entran a la casa).

Paco: Que desgracia lo de Gabrielito, la verdad que eso fue una verdadera desgracia, venir dos sicarios y matarlo así como así ni más ni menos. Según el bizco ni preguntaron por el nombre ni nada. Era como si lo conocieran de antes.

Quique: Yo creo que al que buscaban era al Master y Gabriel pagó el pato por estar con él. Al Master le dieron tres plomazos y a Gabriel uno.

Engracia: Dejemos el caso del sobrino a un lado que me entristece mucho y volvamos a lo de antes.

Paco: Como usted diga doña Engracia y ¿en qué le podemos ayudar?

Ramón: Hola gallada (se queda parado al lado de Quique conversando con éste).

Engracia: Como venía diciendo y eso sí, de aquí hasta llegar. Lo que quiero don Paco, es que sabemos que somos vecinos y todo eso y que pues me gustaría... y ya que están ambos de sus hijos aquí, que pues... ellos no se metan con mis hijas.

Quique: ¿Cómo es eso?

Ramón: ¡Nos la puso usted buena señora!

Paco: Por favor muchachos, escuchen a la señora. Usted Ramón, vaya a mirar la cafetera antes de que se queme el café (Ramón sale disgustado. Entra por la puerta del 12B y se lleva la revista que había traído Quique).

Quique: Pero hombre, me imagino que no le va a ser caso a esas cosas.

Engracia: Pues sí. Piensen en la honra de la familia por favor, nosotras somos decentes y respetadas. Éramos algo en el pueblo de Bolívar, nuestra familia era una de las más respetables y desde que nos quitaron con papeles lo que teníamos y mataron al bueno de Martín pues nos quedamos sin nada, pero no crean que somos nada, porque no lo somos. No tengo marido, pero yo sé velar por la honra de mis hijas. Usted comprende don Paco, usted tiene hijos, no tiene hijas pero debe entender algo de esas cosas.

Paco: Bueno, la verdad señora es que no sé que decirle. Usted es una persona que en verdad respeto y sus hijas...

Quique: Pero viejo, ¿no me diga que usted está de acuerdo con lo que dice la señora?

Paco: No hijo, lo que yo iba a decir era que pues yo no puedo hacer nada al caso.

Engracia: ¿Cómo así que no puede hacer nada al caso?

Paco: (Sale Ramón y se queda cerca de los presentes y de la puerta de su casa, escuchando y ojeando la revista) Mire señora, esas muchachas están ya muy crecidas y para que yo le diga a mis muchachos que están ya muy crecidos, que no se metan con ellas, eso sí que yo no puedo. Usted comprenderá señora que aquí en esta ciudad las cosas no son como de donde venimos. Aquí a la gente no le importa nada de lo que le pueda pasar a uno. Aquí llegamos todos los... (Mirando a Quique) ¿Cómo es que se dice hijo?

Ramón y Quique: Desplazados.

Engracia: ¿Yo desplazada? Para que usted sepa señor que en Bolívar teníamos la hacienda de café más productiva del suroriente, que mi marido era uno de los cafeteros más influyentes que habían en aquel pueblo y que...

Paco: (Sube el tono de su voz) Sí señora y se lo creo de verdad. Pero mírenos a nosotros. Nosotros también éramos algo, vivíamos no tan holgadamente como usted dice que vivía pero no le rogábamos a nadie por el pan que nos comíamos y estábamos llenos de orgullo y caminábamos con la cabeza alta y mire donde terminamos, aquí junto a ustedes en la falda de esta montaña, en un callejón sin nombre.

Engracia: Pero don Paco, yo lo único que digo es que la honra de mi familia, mis muchachas, mi esposo y la distinción...

Paco: (Enojado) Eso fue señora. Ahora esto es lo que somos. Desplazados. A fuerza sacados de nuestra tierra para venir aquí y no podernos poner de acuerdo para que no haya unión ni entendimiento, para seguir peleando entre nosotros mismos.

(Se oyen voces. Elisa sale a la calle seguida de su hermana y tía. Edelmira se queda en el marco de la puerta de su casa).

Encarnación: Ya niña, étrate y de'e de hacel alboroto. Pa' entro que buté etá muy grave. A ve pué, ha'me caso.

143

Engracia: (Tomando a Elisa de los hombros) ¿Qué pasa mujer, qué pasa?

Elisa: (Mirando a Quique y poniéndose las manos en el estómago) Mamá, que, que es que estoy...

Engracia: ¡Qué es que estoy! ¿Qué mujer?

Quique: ¿Elisa, estás segura de eso? (Elisa mueve la cabeza afirmativamente).

Engracia: ¿Segura de qué mujer?

Quique: ¿Es mío, mío, mío?

Elisa: (Elisa vuelve a mover la cabeza afirmativamente) ¡Tuyo Quique, tuyo!

Edelmira: ¡No, no, mientes Elisa! bien sabes, como yo lo sé, que no es de Quique sino de Gabriel. ¡Es de Gabriel! ¡Es de Gabriel! ¡Es de Gabriel!

FIN

Con traje de gringo

En la ausencia de un día de otoño,
a mirar las hojas secas me puse,
recordando días pasados cuando
tocaba las horas con la mano.

Recuerdo el futuro desde el pasado.
Veo lo que iba a ser, lo que no es hoy.
Era entonces mi alma un ruiseñor
y mi vida se metía en cosas que indignan mi ser.

Vestido en traje gringo, con camisa Nike
y vaqueros Levis. Miraba incansable
el delito a cometer.
Vibraban los mariachis, el tequila servían.
Cantaban los trovadores con aguardiente en mano.
Y cuando la nota bullosa de los rockanroleros invadía
las aceras del barrio Antioquia, la "Bud" en mi mano calentaba.

Navaja cortopunzante, afilada y brillante,
sin agilidad de la mano nunca se alejaba.
La cuchilla en su vaina y la navaja entre mis dedos
como uñero que hace sufrir.

Y por aquellas calles caminaba en la noche hasta el alba.
Vestido en traje gringo con camisa Nike y vaqueros Levis.
A lo malevo fumaba mi Marlboro mientras un tango sonaba. Saboreaba
el humo.
Y las calles patrullaba en busca de plata, pues una chaqueta Lee era la
que quería.
También zapatos Reebock, pantaloncillos Jordan, correa de cuero y un
reloj Timex busco, para completar la pinta de norte-americano.

Katy a lo mejor me querrá más si es que acaso me dejó por aquel que mejor vestía con ropa gringa y chaqueta Polo. Yo en mis harapos media vuelta di en un día de otoño cuando tocaba las horas con mis manos, cuando tocaba las hojas secas con mis dedos.

Te cogí ratón

Su sueño de niñez finalmente realizado. El de hacer cumplir y respetar la ley, proteger y servir.

Toda su vida José Mario Nogal la había pasado soñando en ser un agente del orden y hoy, aquí se encuentra patrullando las carreteras largas, rectas, negras y monótonas transitadas por carros que pasan zumbando en el viento tostado, quemante y rechinante de este pueblo costeño.

Aquí soñando, soñando despierto se encuentra, viendo las horas pasar. Conversando esparcidamente en el radio de honda corta con sus compañeros mientras saborea una taza de té helado, se informa de los diferentes percances del día.

Su patrulla número treinta y tres se encuentra aparcada bajo la sombra tibia de un árbol frondoso.

Sobre la cabeza de José reposa el sombrero de alas planas, el famoso "smoky hat." También lleva puestos sus lentes oscuros, esos que reflejan el rostro de la persona con quien se conversa.

Su uniforme impecable refleja la disciplina y la buena conducta del patrullero. Exhibe en el pecho izquierdo sus condecoraciones, las cuales recibió en el cumplimiento del deber. En el cinturón de charol negro y brillante se encuentra su equipo básico del oficio, sus herramientas de trabajo, es decir el radio portátil, las esposas, la pistola 9mm Ruger y los proveedores para esta.

Cuando José Mario era niño, soñó en momentos como este. Siempre soñó en ser el mejor de todos o al menos uno de los mejores, el súper héroe del pueblo con sus medallas, distinciones y condecoraciones en el pecho.

José trabajaría gratis o de voluntario si no fuera porque insisten en pagarle. En la madrugada no ve la hora de comenzar su jornada. No ve la hora de llegar a aquel edificio viejo de ladrillos rojos. No ve la hora de escuchar el reporte de última hora, de oír las instrucciones pasadas por el oficial del día.

En la mañana, luego de una pausa y algunos saludos ligeros, sale de aquel edificio de ladrillo para montarse en su patrulla y ser libre en las calles negras, largas, calientes y derretidas por el calor tropical. Enciende el motor de su patrulla y sale en busca del peligro o mejor dicho, de aventuras.

Hoy, después de su rutina mañanera, aquí se encuentra pensando, recordando tiempos de niñez, repasando su vida con recuerdos borrosos y hasta inventados.

No sé si es el calor quemante del día (que se pega de toda existencia como la parafina caliente cuando se desborda de la vela) o si fue acaso la monotonía del trabajo. La monotonía producto de ver los carros titilando en la distancia como gelatina tirada y que poco a poco van cobrando una forma más sólida, hasta pasar zumbando en frente de su patrulla e inmediatamente se marchan en el sentido contrario, derritiéndose nuevamente como si hubieran sido fantasmas.

Así fue como se quedó sin más recuerdos frescos del pasado y tan solo le quedó acompañando el cansancio producido por la monotonía de ver los carros pasar uno tras otro.

Esta monotonía le hizo pensar profundamente en recuerdos. Recuerdos viejos y bien olvidados. Recuerdos nuevos en su mente de héroe.

Posiblemente esta es la razón por la cual se puso a pensar en Eduardo Mejía. Aquel amigo del pasado. Amigo de juegos infantiles y de adolescencia. Amigo que cuando jugaban siempre hacía el papel de villano. Claro estaba que Eduardo siempre perdía en esos juegos de bandidos y pistoleros. En esos juegos de malos, Eduardo nunca ganaba, ¡nunca ganaba!

La explicación que José encontraba para justificar las desdichas o fracasos en los juegos de bandidos por parte de Eduardo, era la de que "los malos nunca ganan y los buenos siempre terminan triunfando."

Aquellos eran juegos de pistoleros, de soldados, de vaqueros e indios. Juegos de súper hombres que contienen al enemigo poderoso y sobrenatural con miradas de "rayos X." José, Eduardo, el Ovejo, la Rata, la Roya, etc. y otros amigos de infancia, jugaban con pistolas y lanzas hechas de madera. Sus gorras de vaqueros o cascos de soldados eran hechos de papel periódico. Armados con sus gorras y rifle en mano podían combatir ejércitos de más de un millón y contener al enemigo que los combatían con armas futurísticas.

Sentado en su patrulla número treinta y tres, recuerda las chozas de madera que hacían en los rastrojos del cerro. También recuerda la angosta y oscura cueva del Indio en la que excavaron y excavaron por dos días en busca del tesoro oculto del Cacique Putijara sin encontrar tesoro alguno. En lugar de tesoro lo que hallaron fue un bulto de basura dejada allí por un grupo de hippies que vinieron al Cerro en los años sesenta. Esos eran algunos de los recuerdos buenos que hacía tiempo José desempolvaba, los recuerdos de su niñez.

Recordó la mala suerte de Eduardo, cuando jugaban a la guerra, a los vaqueros o cualquier otro juego. La suerte de Eduardo era tan mala en cuestión de juegos, que no importaba que tan elaborados o complicados fueran sus planes, para asaltar el banco o la diligencia imaginaria que traía cargas de oro de California. Tampoco importaban sus planes para secuestrar la hermosa e indefensa princesa. Tampoco importaban los planes que tuviera para volar el puente invisible con toneladas de dinamita o si era Superman o Centella. Los planes ideados por Eduardo con su cerebro de malhechor no importaban mucho, pues José Mario siempre los descubría y terminaba frustrando sus intentos de maldad.

La imaginación de José y sus trucos improvisados para combatir la mente de villano de Eduardo Mejía, eran tan absurdos, que daban como resultado final la lucha a golpes de ambos líderes. Ambos terminaban revolcándose en la tierra para resolver sus luchas y guerras de súper héroes.

Esos juegos infantiles, muchas veces se convertían en una cuestión de honor y muchas veces el poderle ganar al oponente significaba, fuera de ser el más poderoso entre rivales, lograr ser respetado por los miembros de la gallada o pandilla. Eduardo con el tiempo descubrió que era casi imposible el ganarle un juego de pistoleros e indios a José. Con el tiempo descubrió que José continuamente sacaba un truco nuevo, un arma secreta o una técnicalidad para así ganar la guerra, batalla o emboscada.

Llegó al extremo el asunto de los juegos infantiles entre los diferentes bandos, que José Mario junto con sus compañeros, sabían por anticipado los planes de Eduardo y allí entre matorrales le esperaban para arrestarlo y a sus seguidores torturaba con la irritante frase de"te cogí ratón, te cogí ratón, te cogí ratón..."

Eduardo terminó por no jugar más con José y sus aliados. Pero a la misma vez, nadie quería pertenecer al grupo de Eduardo Mejía, pues él era un perdedor, un malo que siempre terminaba bajo rejas o derrotado, mientras que José era más listo y bueno.

Mejía se buscó otros amigos en otro barrio con los que pudiera jugar lo de costumbre pero además ganar y salir adelante con sus trucos de rufián.

Los tiempos fueron pasando y los juegos infantiles atrás se quedaron, José no supo más de Eduardo. Después de un tiempo la familia Mejía se mudó del barrio y José perdió contacto total con la vida de éste. Perdió contacto con esa fibrita que le daba seguridad, lo hacía sentir invencible y superdotado. Perdió contacto con ese amigo malhechor, villano y rufián de juegos infantiles. José no volvió a saber más de Eduardo hasta después de un tiempo.

El tiempo pasó. Años y años se fueron esfumando uno tras otro, hasta que al fin José escucho de boca de la Rata, un veinticuatro de Diciembre, que Eduardo Mejía estuvo en el ejercito y un año más tarde lo sacaron después de una Corte Marcial, por haberse robado un par de botas. También se enteró por parte del Chino, que estuvo jodiendo o mejor dicho trabajando con los fuertes del cartel de Medellín, y que en esos momentos estaba supuestamente pagando una condena de diez años por asuntos y enredos del cartel.

José realizó, en aquel momento, que sus vidas rumbos diferentes habían tomado y el destino lo quiso así. José Mario, así como lo hizo Eduardo Mejía, también ingresó al ejército después de terminar el bachillerato. Combatió a la guerrilla en tres ocasiones y finalmente, después de cuatro años en el ejército, se salió con decoraciones y medallas en su pecho. Ingresó a la universidad a estudiar criminología. Se casó con una buena mujer y un hijo varón nació de la unión y el otro en camino viene.

Ahora las dos diferentes vidas llevan y se pregunta si él tuvo algo que ver con el rumbo que la vida de Eduardo tomó. Se pregunta ¿si fue él quien lo forzó con sus deseos de justicia a ser un rufián de verdad? o quizás ¿fue Eduardo Mejía quien lo forzó a ser un agente del orden y no un rufián? En fin, ahora son lo que son y este es el destino que está viviendo.

Hoy aquí entre las sombras de este árbol, José se encuentra amparado de los rayos calientes de este sol tropical. Oculto en su patrulla se encuentra como animal de caza, al acecho esperando por el cordero indefenso y desprevenido que pase para en zarpazo atacarlo, para darle una lección entera y delicada sobre las leyes del estado, los cuidados y respetos por la vida de otros en las vías públicas y la necesidad de observar la velocidad límite.

De repente su radar marca la velocidad de 130 Kilómetros por hora. —Mejor será el poner el té helado a un lado, prender sirena, las luces blancas y azules y parar a este ciudadano descarado y sin vergüenza. —Dice Eduardo tranquilamente.

Diez Kilómetros adelante el vehículo negro y deportivo que iba a 130 Kilómetros por hora decide parar. Eduardo llama a la operadora central y recibe la información en el radio. El vehículo que acaba de detener le pertenece a "Juan Escobar Ochoa" y todos sus asuntos legales pertinentes al carro parecían estar en orden. Asuntos pertinentes al carro, desde las placas, hasta el seguro.

La sorpresa al oír que el automóvil le pertenecía a Luís Escobar fue tal que de su cara de piedra se escapó una sonrisa de alegría, una sonrisita que se semejaba a aquella que salía de su cara de niño cuando atrapaba a Eduardo con las manos en la masa.

—Te cogí ratón, —dijo en tono de sarcasmo mientras que colgaba el radio.

José Mario se baja de su patrulla mostrando su sonrisa amplia. Se aproxima al automóvil negro y nota los vidrios ahumados. Se acerca con cautela y pone su mano derecha en la cacha del 9mm Ruger y dice, —Por favor baje la ventanilla, apague el motor y ponga las manos en el timón de conducir en donde las pueda ver.

El conductor del automóvil en lugar de seguir las últimas instrucciones del oficial, abrió la puerta de automóvil. Éste al ver la persona tratando de salir del carro saca la pistola del estuche. De repente

el rostro sufrido y sin emoción de Eduardo Mejía aparece en el reflejo
de los lentes de José, quien al verlo, regresa la pistola a la funda y sonríe
quitándose los lentes oscuros, apuntando con sus dedos haciendo la
mímica de una pistola y dice, —te cogí ratón—y sonríe.

Tanto tiempo sin ver a su amigo de infancia y tantas preguntas
que tiene para hacerle. Que coincidencia de la vida, el haber estado
pensando en él y de repente aquí está, uno en frente del otro. Eduardo
se lleva su mano a la parte trasera de su cintura y rápidamente saca
la pistola que lleva oculta bajo la camisa, y repica —a que no gato
madrón— y descarga las balas de su pistola en el cuerpo de José.

Mejía se monta en el carro negro y deportivo. Acelera el
motor. Prende la radio y se marcha para no ser visto jamás en aquellas
carreteras costeñas.

Additional text at top

www.ingramcontent.com/pod-product-compliance
Lightning Source LLC
Chambersburg PA
CBHW020436290526
45785CB00002B/874